MAURICE BARDÈCHE

SPARTE
ET
LES SUDISTES

Maurice Bardèche
(1907-1998)

Sparte et les Sudistes, Paris, Les Sept couleurs, 1969

Publié par
Omnia Veritas LTD

www.omnia-veritas.com

TABLE

PROLOGUE **11**

CHAPITRE I **17**
    SUR LA ROUTE DU PROGRÈS 17

CHAPITRE II **52**
    BIOGRAPHIE INTELLECTUELLE D'UN NATIONALISTE 52

CHAPITRE III **83**
    SPARTE 83

CHAPITRE IV **107**
    LES SUDISTES 107

CHAPITRE V **145**
    AU ROYAUME D'UTOPIE 145

DÉJÀ PARUS **183**

PYTHÉAS

« Pythéas n'était qu'un armateur de Marseille, il naviguait à ses risques et périls à travers des mers inconnues, son vaisseau était équipé à ses frais : et ce sembla plus tard une merveille, même aux yeux des Grecs, qu'un des leurs eût pu aller si loin avec ses seules ressources, contre vents et marées, haines et légendes ... »

« Avoir des manières bienveillantes et douces pour instruire les hommes, avoir de la compassion pour les insensés qui se révoltent contre la raison, voilà la force virile propre au vent du Sud : c'est à elle que s'attachent les sages.

« Faire sa cuirasse de lames de fer et sa couche de peaux de bêtes sauvages, contempler sans frémir les approches de la mort, voilà la force virile propre au vent du Nord : et c'est à elle que, s'attachent les braves ».

TCHOUANG-YOUNG,
Traité de la conduite du sage,
par un disciple de Confucius.

PROLOGUE

C'est peut-être un grand malheur de ne pas allumer les lampions quand les autres les allument. Je n'ai pas sorti mes drapeaux pour la victoire des démocraties. Je me sentais en quarantaine : il me semblait que toute une partie de moi-même avait été vaincue.

Je suis resté depuis ce temps un étranger parmi les hommes de mon temps. Le monde qui se construisait sous mes yeux, il me semblait qu'il opprimait ce qui, en moi, me paraissait le plus vivace. Cette répulsion s'étendait à beaucoup de choses. Je détestais le plastique, la publicité, le chewing-gum. Plus tard je m'habituai mal à certains ornements en nylon et au chandail qui devint le costume ordinaire des ecclésiastiques. Il ne me venait pas à la pensée que ces répugnances pussent être étrangères l'une à l'autre. On m'avait imposé une religion et je refusais les eaux du baptême : et en même temps que les eaux du baptême, la gandhoura, le fez, les babouches qu'il fallait désormais porter. Des milliers d'hommes étaient comme moi et regardaient avec suspicion le nouvel uniforme du croyant.

C'est qu'en effet, le tournant du XXe siècle avait été marqué par une guerre de religion, cela, nous le savions tous. Mais nous ne savions pas bien ce qu'était une guerre de religion. Nous croyions, en nous référant à ce qu'on appelait dans le passé « guerre de religion », que l'objectif était d'extirper l'hérésie, que cela n'allait pas au-delà de la destruction des temples et du bûcher des pasteurs, résultats qui furent généralement supportés avec patience. Nous ne savions pas, parce que nous ne faisions référence qu'à notre propre histoire, que la victoire d'une religion est aussi la victoire d'un *Koran* et l'instauration d'une certaine optique qui colore toutes choses : non seulement la politique, mais les mœurs, les habitudes, les jugements qu'on porte sur les choses, en un mot, toute la vie. En proclamant le triomphe d'une certaine religion, il a donc fallu détruire non seulement les structures, mais plus profondément une certaine manière d'être. Et l'étendue et la portée de ces destructions ont été peu aperçues en général.

Car l'hérésie avait des racines, un certain mode de sensibilité, une certaine prédisposition de l'être humain qu'il a fallu, en même temps qu'on détruisait l'hérésie, changer et expurger. Et c'est un sang nouveau qu'il fallait transvaser dans toute une catégorie d'êtres humains, si l'on voulait voir disparaître à jamais une certaine morale et, finalement, une certaine conception de la vie.

Or, c'est toute une partie de la morale commune qui a été atteinte en même temps, car les morales hérétiques ne sont pas des fleurs monstrueuses qui naissent de quelque terreau empoisonné, elles ne font que développer par élection certaines branches de la morale commune. Il n'est pas difficile de voir quelles sont les branches de la morale commune, de la morale la plus traditionnelle, qui ont été délabrées et saccagées par la condamnation portée sur une certaine définition de l'homme. Le devoir de discipline, le respect de la parole donnée, le culte de l'énergie et des vertus viriles, le choix des hommes en fonction de leur courage et de leur attitude devant la vie, sont devenus également vertus et méthodes suspectes parce qu'elles avaient conduit à une obéissance qu'on jugeait aveugle, à une fidélité qui avait été déclarée criminelle, à un idéal humain qu'on regardait comme barbare, et qu'elles risquaient d'établir une hiérarchie qu'on refuse.

Et, avec cette morale, c'est toute une famille de

l'espèce humaine qu'on mettait à la porte de la civilisation. Cette exclusion était d'autant plus singulière que ce tempérament avait été jadis non seulement toléré, mais exalté par la République. Quand j'étais enfant et que j'admirais Lazare Canot, Hoche, Desaix, Kléber, et aussi le petit Viala et le tambour Bara, et même Danton et plus tard Clemenceau, c'est cette espèce d'hommes qu'on me recommandait d'admirer. Et plus tard, dans cet autre livre d'images qu'est l'histoire romaine, c'était Regulus, c'était Cincinnatus, c'était Horatius Cocles, héros de cette république exemplaire qui avait nourri tant de générations. Toute ma jeunesse de bon élève se révoltait contre la religion nouvelle. Et même le petit Jacobin que j'avais été à quatorze ans se réveillait en moi, ne comprenant plus pourquoi on dégradait sur le front de l'histoire ces hommes de bronze qu'on m'avait appris à aimer. Je ne reconnaissais pas dans le démocrate de 1945 le bon petit élève de l'école communale que j'avais été, le boursier que j'avais été, le fils de petit fonctionnaire radical-socialiste que j'avais été, et qu'au fond je n'ai pas cessé d'être.

Alors j'avais l'impression que cette *énucléation* qu'on avait fait subir à l'Europe à la suite de la guerre, ce n'était pas l'Europe seule qu'elle avait touchée, mais toute la civilisation, l'espèce humaine tout entière. De même qu'en supprimant au cœur de l'Europe l'antique Allemagne, ce tronc germanique à partir duquel elle s'était formée dans le passé, on avait fait subir à l'Europe une ablation monstrueuse après laquelle elle n'était plus qu'un cheval aveugle qui s'appuie et se frotte machinalement sur son bat-flanc atlantique, sans force et incertain, ainsi en déracinant dans le monde moral certaines qualités élémentaires, en éliminant certains métaux qui avaient composé jusqu'à présent l'alliage humain que nous connaissons, c'était toute une sensibilité que nous avions extirpée, toute une image de l'homme, non pas seulement un régime mais tout un monde qui *venait avec,* botte de racines qu'on enlève avec la plante. Si bien que nous vivions dans un monde moral d'une certaine façon *décervelé*. L'histoire du passé ne débouchait plus sur l'homme d'aujourd'hui. La culture du passé, l'homme du passé lui-même sont comme étrangers à l'homme qu'on nous invite à être. À Nuremberg détruit par les bombes, on a reconstruit les maisons du XVIe siècle, mais en nous-mêmes, c'est le contraire : en nous-mêmes on veut construire une ville nouvelle qui nous fasse oublier les maisons d'autrefois. L'acceptons-nous ? En avons-nous même conscience ? Quand on nous invite à accepter le monde moderne, à faire en nous-mêmes un *aggiornamento*, une mise à jour, comprenons-nous ce qu'on nous propose, décelons-nous la manœuvre qu'on mêle subrepticement à une indispensable révision ? Savons-nous quelles rives on nous demande d'abandonner ? Et pour quel déclin ?

Les mots mêmes nous trompent, les mots surtout. On nous dit : « c'est le fascisme qu'il faut abandonner sur les rivages des morts ». Ce n'est pas le fascisme seulement que je vois au bout de ma lorgnette. C'est tout un continent que nous abandonnons. Et les mots ne servent qu'à déguiser l'exode. Les fumées qui s'élèvent des cités de la Plaine nous empêchent de voir les collines heureuses que nous quittons à jamais.

Ce qui importe à l'avenir, ce n'est pas la résurrection d'une *doctrine* ni d'une certaine forme de l'État, encore moins d'un caporalisme et d'une police, c'est le retour à une certaine définition de l'homme et à une certaine hiérarchie. Dans cette définition du l'homme, je place les qualités que j'ai dites, le sentiment de l'honneur, le courage, l'énergie, la loyauté, le respect de la parole donnée, le civisme. Et cette hiérarchie que je souhaite, c'est celle qui place ces qualités au-dessus de tous les avantages donnés par la naissance, la fortune, les alliances, et qui choisit l'élite en considération de ces seules quotités. L'autorité dans l'État n'est rien d'autre que le respect de ces qualités et de cette hiérarchie. Elle peut s'accommoder de beaucoup de tolérance quand ce règne des meilleurs est établi. Elle n'exige la persécution de personne ni l'éviction de personne. Mais je crois qu'aucune nation, aucune société ne peuvent durer si les pouvoirs qui se fondent sur d'autres mérites que ceux-là ne sont pas essentiellement précaires et subalternes. Toute nation est conduite, certes, mais toute nation également *se conduit* d'une certaine façon, toute nation a une conduite, noble ou basse, généreuse ou perfide, comme on dit d'un homme qu'il a une bonne ou une mauvaise conduite. Une de nos erreurs actuelles est d'admettre trop facilement que ces choses-là n'ont aucune importance.

Nous nous plaignons chaque jour de l'immoralité et nous ne daignons pas nous apercevoir que nous avons détruit nous-mêmes ou laissé détruire toute une partie des bases de la morale, qu'on les détruit encore chaque jour devant nous. Les pousses que nous avons plantées à la place des grands chênes abattus sont rabougries et se dessèchent. Et nous nous plaignons d'avancer dans un désert. C'est que nous avons reconstruit les ponts, les usines, les villes que les bombes avaient écrasés, mais non les valeurs morales que la guerre idéologique avait détruites. Dans ce domaine nous sommes encore devant un champ de ruines. Des cloportes hantent ces ruines, on y trouve des végétations inconnues, on y rencontre des visiteurs étranges. Le vide moral que nous avons créé n'est pas moins menaçant pour notre avenir que le vide géographique que nous avons laissé s'installer au cœur de l'Europe, mais nous ne le voyons pas.

Tout le monde ne s'en plaint pas. Il y a beaucoup de gens qui s'arrangent de ce vide moral auquel ils trouvent des avantages. Ils ne se font peut-être pas d'illusions sur son avenir, mais ils pensent que cet interrègne durera bien autant qu'eux. Cela leur suffit. Ils redoutent les temps encombrants où le courage fait du bruit, où l'énergie s'exhibe, où la loyauté se transforme en décorations. Ils ont peu de goût pour les machinistes de ce décor. Ils trouvent un peu chère la prime qu'on leur demande pour leur sécurité, le danger ne leur paraissant pas urgent. C'est en effet ainsi qu'on raisonnait en 1939. Mais surtout, les fantômes dont on a peuplé leurs cervelles agitent leur sommeil : ils voient des chevaux noirs se dresser dans le ciel. Le courage, l'énergie, la loyauté, leur paraissent de gros mots inquiétants. Ce vocabulaire de professeurs de gymnastique débouche sur Sparte, l'enfant au renard, les soldats de l'an II, Robespierre, les canons qui remplacent le beurre, et Napoléon qui finit toujours par percer sous le jacobin Bonaparte. Ces limites de leur cervelle ne sont pas pour rien dans leur découragement. Et si tant de gens se laissent faire sans protester l'opération qu'on fait aux matous pour les transformer en chats paisibles, c'est en grande partie parce qu'ils ne voient pas très bien à quoi peut leur servir ce qu'on leur enlève : ils pensent même confusément que cela ne peut servir qu'à de vilaines choses.

Il n'est pas inutile, peut-être, d'essayer de les persuader que tout sert dans la vie, y compris les qualités qu'on regardait autrefois comme celles d'un homme. Essayons de les rassurer. Ce n'est pas d'une doctrine qu'ils ont besoin, comme on le répète trop souvent, mais du sentiment d'une certaine parenté. Montrons-leur donc les cercles concentriques qui s'étendent autour de la petite opération qu'on leur propose, autour du petit traitement auquel ils se prêtent si volontiers, car il est *bénin, bénin* comme disait monsieur Purgon.

CHAPITRE I

SUR LA ROUTE DU PROGRÈS

Pour bien des gens, la disparition des qualités viriles, ou plus exactement leur dévaluation, n'est qu'un accident transitoire, qui n'est ni aussi désastreux qu'on le dit, ni aussi irréparable, ni aussi complet. Ils attestent les parachutistes qui leur ont fait grand peur et les astronautes qui leur inspirent une grande admiration. Je leur concède bien volontiers que le courage, les tireurs d'élite, et les recordmen n'ont pas tout à fait disparu du monde où nous vivons Je ne voudrais toutefois pas qu'ils se laissent prendre à ces apparences qui sont fort peu représentatives de notre tournure d'esprit. Et je souhaiterais qu'ils voient un peu mieux les conséquences de ce qu'ils ont accepté.

Car, d'abord, ce que l'*aggiornamento* de la civilisation nous invite à rejeter, c'est toute une partie instinctive, il faudrait presque dire *animale* de l'homme qui était, nous ne le comprenons pas assez, une de ses armes contre le machinisme et l'uniformisation.

Le courage, l'endurance, l'énergie, l'esprit de sacrifice même, sont chez l'homme des qualités de « bête », du robustes et primitives qualités de mammifères qui le classent parmi les animaux nobles qui survivent par leur force et leur intelligence. Je me demande si la loyauté, même, si étrangère aux animaux, n'est pas une de ces qualités pour ainsi dire biologiques : on naît avec une certaine noblesse dans le sang. Ces qualités tout animales ont fixé autrefois le classement des hommes. À l'origine des castes que toutes les grandes civilisations ont établies, il n'y a rien d'autre que leur existence et leur transmission. Ces qualités n'appartiennent pas exclusivement à ce qu'on appelle dans notre histoire la « noblesse d'épée ». Ce sont aussi les qualités des pionniers, celles des bâtisseurs de villes, celles des reîtres et des légionnaires : et ce sont aussi celles du peuple quand une cause ou une nécessité lui met les armes dans les mains. Il n'y a rien de grand dans l'histoire des hommes qu'on ait fait sans que ces qualités du sang y aient quelque part. Je ne vois que les premiers chrétiens qui les aient refusées, passagers parmi les hommes comme sur une terre étrangère, indifférents à tout sauf à ce qu'ils diraient devant leur Juge.

Cette part instinctive de l'homme, cette part animale de lui-même, le ramène sans cesse à lui et par là elle lui sert de défense, elle est même sa terre d'élection à la fois contre les *dénaturations* intellectuelles qu'on cherche à lui imposer et aussi contre le gigantisme et les cancers qui naissent de la civilisation industrielle. Elle lui rappelle sa vocation paysanne, sa vocation familiale, sa vocation de défenseur et de petit souverain de sa maison et de son champ, elle le remet à tout moment à « l'échelle humaine ». Et, par ce rapport et ce retour, elle le protège contre l'inondation qui naît périodiquement des passions des hommes, contre le déchaînement planétaire de la cupidité ou des idéologies. Nous avons tous en nous la barque de Noé, mais nous n'avons qu'elle.

C'est cet appel au plus profond de nous-mêmes qui a été brisé à notre insu en même temps qu'on dévaluait les qualités par lesquelles il s'exprime. Au contraire, le vainqueur dans la guerre de religion qui s'est déroulée est le *pédantisme progressiste*.

Il nous impose, pour commencer, une définition abstraite et rationnelle de l'être humain, il en déduit les croyances qui doivent alors *logiquement* s'imposer à tous et créer chez tous les hommes des réactions communes, il définit une conscience équipée et guidée artificiellement et pour ainsi dire, industriellement, et enfin, en application de ces croyances, il élabore les modes de vie que l'homme doit accepter s'il veut devenir un produit normalisé de la société industrielle, et aussi la mentalité qu'il doit acquérir pour être parfaitement dépersonnalisé et devenir l'homme grégaire dont une civilisation fonctionnelle a besoin.

C'est cette refonte totale de notre vie que la plupart des gens n'aperçoivent pas, car ils ne voient pas les liens entre ces deux domaines du *pédantisme progressiste*. L'uniformisation des existences leur paraît un effet inéluctable de la civilisation industrielle, l'alignement conformiste, un effet transitoire de la propagande. En réalité, ces deux résultats proviennent de l'application d'un même mécanisme de l'abrutissement, il s'agit dans les deux cas d'une *rationalisation* de l'être humain, qui porte sur la vie extérieure d'une part et sur la vie intérieure d'autre part, et qui a pour objectif le descellement, l'extirpation et la destruction de toute personnalité.

*

* *

L'opération essentielle dans l'extraction de la personnalité est le remplacement de la conscience individuelle, instinctive, par une conscience rationalisée, collective. Cette opération était préparée depuis fort longtemps par les lourdes mains des marxistes, chirurgiens malhabiles. Mais peu de gens se laissaient persuader de remplacer leur conscience individuelle par une conscience de classe qui les faisait marcher au pas de l'oie. Les circonstances de la guerre produisirent cet ébranlement initial indispensable au lavage de cerveau. On prit appui sur la conscience individuelle pour lui faire condamner la conscience instinctive : et comme personne, dans le brouhaha et l'émotion générale, ne se rendit compte que la conscience individuelle n'est rien d'autre que la conscience instinctive, on admit avec docilité qu'il ne peut exister, qu'il ne doit exister qu'une conscience rationalisée, échappant à l'instinct, soumise à des définitions, premier stade de la conscience collective qu'il s'agissait d'imposer.

Grâce à ce changement, qu'on obtint par des diables fourchus peints sur les murs et une vive représentation des flammes de l'enfer, la conscience devint enfin un produit industriel que seuls des laboratoires agréés étaient autorisés à fabriquer. Elle ne fut plus, enfin, elle ne fut plus mêlée à ces scories irrationnelles qui caractérisaient la conscience d'autrefois. Car, auparavant, elle décidait de concert avec l'honneur, avec le courage, avec la loyauté, représentants de l'animal humain qui est en chacun de nous : ou encore avec le bon sens et avec l'expérience qui ne sont pas purs produits intellectuels, mais traces et pentes laissées en chacun de nous par toute notre vie. Ce sont ces conseillers suspects et obstinés qu'il s'agissait d'éliminer, ces coups de sang, ces sursauts, ces mouvements de bêtes généreuses, qu'on élimina chez la plupart, en effet.

Car nous avons suivi le joueur de flûte et il nous mène à travers les décors qu'il a construits sur notre chemin. Il imite la voix de la conscience et des pénitents l'accompagnent, se flagellent et gémissent sons leur cagoule. Et le chant de la conscience universelle, les vêpres de la conscience universelle, s'élèvent comme la nuée du tabernacle en tête de la procession : leur faux bourdon emplit le ciel, les haut-parleurs dans les nues le répercutent comme un requiem désespéré, il s'élève entre les façades comme le chant immense de tous les hommes. Et les psaumes de ce *miserere* ne nous disent qu'une chose, qui est de tuer en nous la voix qui ne veut pas se taire, de tuer en nous la colère intraitable, de tuer en nous la bête indocile qui refuse le joug et le troupeau : et elle invite à respecter « les maîtres ».

Conscience, instinct non pas divin, mais générosité du cœur, fille de la rage, paroles et fumées qui s'élèvent du sang, fierté qui sort des naseaux furieux, tu es la source de toute pureté et de toute intransigeance, de toi procèdent tout courage et toute révolte. Tu es la petite Antigone qui se lève devant le prince injuste. Tu es la main qui pause les blessures, tu es la sœur bien-aimée qui se penche sur le front des morts sacrifiés. Tu es la consolatrice et la certitude. Tu es la source fraîche à laquelle vont boire les vaincus. Tu es la douceur et le refuge et tu es aussi la déesse qui ne plie pas sous le fouet des hommes. Tu marches devant la mort et sur les genoux, sur tes genoux d'enfant pure, nous cachons notre tête blessée à l'heure où s'approche la Moissonneuse sans regard. Conscience, filleule de Dieu, nous déroulerons éternellement devant tes pas le tapis qui mène jusqu'à à nos âmes. Et les joueurs de flûte n'étoufferont jamais ta voix.

Cette déposition de la conscience personnelle instinctive au profit de la conscience industrielle est le sceau de l'époque moderne, la marque imposée par elle sur le bras des esclaves. Et ce signalement distingue si parfaitement les hommes de notre temps de ceux des autres siècles qu'on le vérifie sous tous les régimes, qu'ils soient totalitaires ou qu'ils se disent libéraux.

Cette falsification de la conscience, qui a pour effet de

remplir chacun de nous d'un médicament dosé par les experts, a pour but de nous entraîner docilement dans un certain nombre d'aventures métaphysiques qui servent par hasard des intérêts particuliers. La plus radicale de ces aventures est l'abdication de tout sentiment personnel devant la « conscience de classe » qui remet entre les mains de mandataires la direction spirituelle de quelques millions de nos contemporains. Mais la plus significative est sans doute la prédication de l'antiracisme, transcription dans le mode mineur de la même opération, qui, tout en ayant l'air de respecter notre libre-arbitre et même en feignant de faite appel à notre conscience, a pour objectif de disposer de nos volontés, exactement comme le fait l'Internationale communiste.

Il s'ensuit que l'homme moderne, non seulement est invité à ne plus avoir de vilains réflexes, lesquels n'expriment pas autre chose que sa négligeable personnalité, mais qu'en outre, en tant que fragment et composant de la conscience collective, il est tenu de s'associer à des croisades dont il est, au fond de lui-même, l'adversaire. Car on ne lui demande pas seulement de blâmer les Rhodésiens qui ne veulent pas que les Bantous s'installent dans le lit de leur fille, mais on réclame des opérations coercitives, c'est-à-dire des opérations militaires, auxquelles il peut se trouver participant, pour imposer aux Rhodésiens des lois dont ils ne veulent pas. Et de même, si l'État d'Israël est menacé dans son existence, on ne sollicite pas seulement son appui moral en faveur de la cause israélienne, mais on peut éventuellement lui imposer de rejoindre un corps expéditionnaire ou l'expédier dans une guerre mondiale dans laquelle il risquera sa vie, sa famille, ses biens, pour une *cause* qui ne l'intéresse pas.

Cette énucléation des volontés dépasse de beaucoup le fonctionnement normal de la démocratie. Je conçois qu'on me demande de m'incliner devant la majorité quand elle décide, contrairement à mes vœux, le tracé d'une roule ou la répartition des contributions : mais aucune loi n'a donné au plus grand nombre le pouvoir de disposer de mon âme. Contraindre à la croisade, imposer un credo qu'on rejette et de plus exiger qu'on le soutienne les armes à la main et qu'on persécute en son nom, ce n'est pas seulement voler notre libre-arbitre, c'est transformer chacun de nous de force en mercenaire : c'est une aliénation de la personnalité bien plus grave, bien plus complète, bien plus hypocrite que celle qui a pour origine l'exploitation du prolétariat.

Tel est le résultat que nous avons obtenu en acceptant de ne plus faire appel à nous-mêmes et à nous seuls, d'en croire les autres, de recevoir comme doctrine et fondement de nos raisonnements et de nos choix un rationalisme progressiste qui procède par idées générales, principes et postulats : abdication à l'origine de laquelle il y a la condamnation d'une certaine manière d'être qui était notre seule défense contre l'emprise du pédantisme idéologique et la seule protection efficace de notre liberté.

*

* *

La profanation de la conscience, la dégradation de la conscience individuelle instinctive en conscience collective nous ont valu des spectacles trop connus pour qu'on s'y attarde. On n'apprend rien à personne en montrant dans la conscience collective une épicière qui pèse avec de faux poids. Il est assez clair que chacun manœuvre la conscience universelle comme un mortier qui sert à bombarder l'adversaire. Et quand sonnent les trompettes du triomphe, nous savons aussi que la conscience universelle devient éloquente. tumultueuse, indignée, mais que le grand vent qui la soulève ne sert jamais qu'à la coller davantage au char du vainqueur qu'elle enveloppe comme une draperie.

Ce qu'il importe d'inspecter avec attention, c'est l'utilisation qu'on fait de la conscience industrielle, dans l'opération qui consiste à « nous tenir en mains ». Nous « tenir en mains » ne veut pas dire seulement nous préparer aux grandes occasions, encore exceptionnelles, où la dénaturation est totale et où il faut disposer de nous pieds et poings liés. Cette expression signifie aussi que le laminage de l'individu par le procédé industriel doit créer chez le particulier un « homme nouveau », essentiellement malléable et conditionnable pour les grandes unités de production.

La conscience qui était un cri dans nos poitrines est devenue un instrument de travail. Il existe aujourd'hui des porte-parole de la conscience : c'est un titre comme l'agrégation des lettres, accompagné d'un traitement. On recrute par cooptation au lieu de recruter par concours. Et l'on voit aujourd'hui ces professionnels de la conscience qui dénoncent les consciences rivales, celles du camp communiste, et qui les accusent de se rabattre au commandement à la manière d'un disque de chemin de fer pour ouvrir ou fermer la voie : mais aucun des vigoureux penseurs qui les flétrissent n'est visité par l'idée qu'il fait de son côté la même chose au profit d'un autre chef de gare. Porter le label de la conscience universelle est aujourd'hui aussi fructueux dans les grandes démocraties que d'être écrivain agréé et penseur docile dans les pays communistes. Même les particuliers qui ne sont pas tenus d'occuper une place dans le cortège ont intérêt à être actionnaires de la conscience universelle. Le label qui signale qu'on est porteur de parts de la conscience universelle est indispensable à l'avancement. On le porte en bandoulière, discret comme un scapulaire, plus souvent large comme une rosette ou une plaque de garde-champêtre : toujours utile en réalité et désignant son propriétaire pour des fonctions de gendarmerie.

Il faut reconnaître aussi que le travail des porte-parole de la conscience universelle n'est pas toujours une sinécure. Il correspond à des services rendus. Il exige l'attention du médecin et le zèle des services après-vente. Car il faut que chacun ait une petite part de conscience collective pour devenir un récepteur efficace. Il faut aussi que cette part de conscience soit en bon état, filtrée, débarrassée de tous miasmes ou impuretés qui pourraient gêner son fonctionnement. Cela ne suffit pas encore. Il faut que cette part de conscience soit *sensible*, qu'elle soit dans notre moteur moral comme une essence à indice d'octane élevé. Les *mass media* cultivent cette sensibilité, la poussent à la sensiblerie. Les porte-parole de la conscience universelle sont brillants quand ils se sont hissés sur ces tréteaux. Ils s'adressent au public avec des trémolos, pareils à ces mendiants qui promènent leur chapeau dans les rangs de l'assistance. Car notre « bon cœur » a toujours un rôle à jouer dans l'affaire. Notre nouvelle conscience n'est donc pas totalement désincarnée, purement intellectuelle. Elle copie fidèlement, elle reproduit, comme en laboratoire, le mécanisme de la conscience instinctive. Elle est, comme dans le modèle originel, couplée avec quelque instinct viscéral en nous. Mais cette fois, on vise bas. Ce qu'on cherche à émouvoir en nous, ce n'est pas ce qui est noble, généreux, viril, ce sont au contraire nos nerfs, nos pleurnicheries, notre crédulité, notre niaiserie.

Nous sommes tout heureux d'être si bons, si émus, si touchés aux entrailles que nous ne percevons pas que le flux de ces bons sentiments a fini par donner à presque tous les peuples d'Occident une sensibilité et une tournure d'esprit typiquement féminines. Devenus des *réceptacles* d'une pensée étrangère, nous sommes à la fois ouverts, disponibles, tendres, et en même temps dévirilisés, sans ressort, sans personnalité, et nous nous laissons souiller de toutes les immondices dont il est utile, à quelque moment, de nous remplir. On devine dès lors comment le discrédit des qualités instinctives, nobles, fait de nous des instruments passifs de la propagande et, du même coup, des êtres dociles, malléables, qui se prêtent également à tout ce qu'on veut entreprendre sur nous sous le prétexte d'améliorer notre sort, celui des autres, la distribution des biens, l'efficacité de la production etc., toutes préoccupations qui ont pour objet de nous transformer en unités conditionnées de production.

On dispose ainsi l'homme à devenir à tout moment le dépositaire docile des indignations et des colères qu'on voudra infiltrer en lui. Il ronronne doucement comme un moteur dont la circulation d'huile est aisée et satisfaisante. Mais en même temps qu'il est préparé, soigneusement *médiciné* pour tolérer l'ingestion des idéaux progressistes qui seront désormais sa nourriture, il est aussi par les mêmes méthodes assoupli, il est patiemment *conditionné*, c'est-à-dire conformé à un moule qui lui impose à la fois des habitudes, une conduite, une vie, un mode d'esclavage utile à la production.

Ainsi naît tout naturellement et sans autre préparation spéciale *l'homme grégaire* qui est, en effet, l'aboutissement de cette ablation systématique de la fierté et de la personnalité. Son comportement extérieur est aussi voisin que possible de celui de n'importe quel autre homme de la même classe dont on a besoin pour les mêmes fonctions et, en même temps, comme les *computers* dont nous sommes si fiers, il reçoit une charge d'informations, des mécanismes, des enchaînements d'apitoiement ou d'indignation qui le rendent analogue à son semblable et par conséquent utilisable dans les mêmes circonstances passionnelles aussi bien que dans le même emploi courant, interchangeable comme le sont les pièces exactement moulées d'une production en série.

On arrive alors, par ricochet et sans l'avoir délibérément voulu, à un *mode mineur de dénaturation*, à une dénaturation quotidienne pour ainsi dire. En faisant de l'homme, par un lavage de cerveau édulcoré, le soldat de quelque religion progressiste, on obtient *de surcroît*, par sa simple croyance au progrès, par sa foi en la machine, en la production, en l'abondance, qu'il se soumette spontanément et de bonne grâce aux rites, navettes et circuits qui lui sont ménagés par la société de production et qui correspondent à ce qu'on a défini comme ses besoins. Ainsi, dans la *dénaturation* progressiste moderne, l'homme est dépouillé d'une façon bien plus subtile, mais non moins complète que dans l'aliénation purement économique que dénonçait Kart Marx, par laquelle le travailleur était privé du produit de son travail, et par conséquent de son aisance et d'une partie de sa vie : il est subrepticement privé de sa vie qu'on lui transforme en loisirs et distractions préfabriquées, par là étrangères à lui, et, en outre, il est privé de sa personnalité même qu'on lui soutire, et qu'on remplace à son insu par un produit incolore et inoffensif qu'il prend pour lui-même.

Le prétexte de cette *dénaturation* est le *bien-être* du plus grand nombre. Cette préoccupation existe en effet, elle est sincère. Mais elle est inséparable d'une disposition qui abhorre secrètement, comme contraire au bien-être du plus grand nombre justement, toute image de l'homme nerveuse, originale, volontaire, qui pourrait propager la maladie contagieuse du refus de la médiocrité. Ainsi notre « civilisation » fait-elle le contraire de toutes les grandes civilisations qui se sont proposé comme idéal un type humain supérieur et chez lesquelles cette culture d'une plante humaine réussie était même leur justification essentielle.

*

* *

Ouvrons ici une parenthèse. On voit dans la perspective de cette analyse à quelles *capitulations politiques* nous a conduits la substitution d'une passivité féminine à la définition traditionnelle de l'homme.

L'abandon des empires qui a accompagné le démembrement de l'Europe a pour cause essentielle la démission des conquérants. L'Europe avait perdu *l'esprit impérial*. Elle ne croyait plus à *l'homme d'Europe*. Elle avait honte de celui qui a un rire de seigneur. Elle n'exportait plus la bravoure et le commandement, marchandises que tous les peuples acceptent comme une bonne monnaie, elle les rejetait au contraire. Et elle avait depuis longtemps oublié l'obligation de générosité et de justice qui est le tribut que les forts lèvent sur eux-mêmes. Alors, quel droit les hommes blancs avaient-ils à commander et simplement à *être là* ? Ils plaidaient modestement la « présence bienfaitrice ». Cette réponse de bonne sœur fait rire tout le monde, principalement dans les pays qui ont du pétrole et du cuivre. En réalité, la décolonisation était inscrite très clairement dans la philosophie des vainqueurs. Nous avons bien tort de croire que c'est la liberté qui a triomphé. On a simplement mis à la porte un petit vieux en pantoufles qui se contentait de passer à la caisse.

La défense contre le marxisme n'est pas plus brillante. Dans l'homme grégaire, si habilement *conditionné* dans ses démarches et ses dispositions, les dictatures marxistes reconnaissent avec plaisir un produit humain très voisin de celui qu'elles obtiennent par l'endoctrinement. Pavlov ne triomphe pas seulement à Moscou. Son chien qui bave a sa niche devant toutes les portes, Le bœuf Apis n'était qu'un triste quadrupède auprès de ce dieu à l'empire duquel nous soumettons nos politiques et nos marchés. Le pédantisme progressiste nous amène à postuler pour l'homme qui se trouve au plus bas degré de la qualité humaine. En venu de notre philosophie de la « personne humaine », nous construisons l'avenir de l'humanité avec des moellons tous semblables et nous prenons pour matière première la pierre de la plus mauvaise qualité. Nous bâtissons la société future comme une maison à bon marché. Or, la construction collective qui réalise le plus exactement ce projet est évidemment la société communiste dont le matériau est le prolétaire indifférencié.

Dès lors comment condamner les marxistes, comment les combattre si l'on se propose le même objectif qu'eux ? Nos petits porteurs de « conscience collective » sont comme des enfants qu'on mène à la promenade. Ils se laissent mettre leurs beaux habits, ils se laissent circonvenir et tenir par la main, et, quand ils regimbent, il est déjà trop tard et on est dans la rue. Ce fâcheux accident les amène à être tous plus ou moins, malgré eux, malgré les soupirs et les soubressauts de leur fameuse conscience, des *fellow-travellers*, comme disent les Américains, des « compagnons de route » qu'on entraîne et qui rompent, un jour, mais quand on est déjà dans le désert : et ils n'ont plus alors d'autre ressource que de rejoindre leur guide à contre-cœur vers la plus proche oasis.

L'hémisphère libéral se défend mal contre le

communisme parce qu'il a absorbé à son insu des poisons paralysants qui engourdissent son bras et altèrent l'image de la vie qu'il se faisait jadis et qui inspirait son action. Mais il y a pire. Ces choix élaborés par une conscience-croupion, infirme qui n'entend plus que les gémissements de la sensiblerie, il prétend les imposer à tous, il en fait un dogme, il chasse de la cité ceux qui haussent les épaules. Nos « démocraties » se prétendent bien différentes des dictatures communistes. Pourtant, comme elles, elles exigent qu'on soit *dans la ligne*. Ceux qui s'y refusent ne sont pas envoyés en Sibérie, ni même en prison, mais ils deviennent des citoyens de seconde zone. Les lois électorales les contournent et les réduisent à l'impuissance. Ils font alors partie de minorités ignorées et brimées. On ne les empêche pas de parler, mais on s'arrange pour qu'on n'entende pas leur voix. On ne les empêche pas de vivre, mais on s'arrange pour que leur vie soit inutile. On ne leur ferme ostensiblement aucune porte mais on les éconduit. On ne les persécute pas, mais on les ignore. Ils sont des pestiférés invisibles qu'on côtoie silencieusement. Ils ont une étoile jaune qu'on ne voit pas et ils la portent pendant toute leur vie.

Cette persécution sournoise est d'un bon exemple. L'idéal élevé que la conscience universelle poursuit brille d'un éclat d'autant plus vif que ses ennemis sont plus abattus. Les vérités souhaitables s'établissent dans les consciences dociles qui ne sont pas imperméables au confort. La presse autorisée, la radio officielle, et celle qui l'est à demi, la télévision, appareil d'Etat accompagnent l'air qu'on fait chanter aux nations sur des instruments divers dans lesquels les naïfs croient discerner des sons différents. Chacun marche du même pas dans son petit cortège, et c'est là l'essentiel. Des oppositions fantômes jouent brillamment leur modeste rôle dans cette agréable symphonie. Grâce à quoi l'opposition véritable s'étiole et avec elle ces sentiments mauvais, ces instincts pervers qui font tache dans la majestueuse uniformité de la pensée grégaire. On n'a pas besoin de la Sibérie, on n'a pas besoin de la violence, on se débarrasse par extinction du type d'homme qu'on ne veut pas.

*

* *

Fermons notre parenthèse et revenons à notre description du la route du progrès.

Et voyons maintenant les gardes champêtres destinés à nous maintenir dans le droit chemin, c'est-à-dire à assurer la pureté industrielle de nos sentiments. Nous expliquerons ensuite le processus d'élimination appliqué aux « déchets » qu'on peut constater après filtrage, ou, en tous cas, les problèmes posés par ceux-ci.

La politique, dans nos livres et dans notre vie, ne fait malheureusement plus, comme le disait Stendhal, « l'effet d'un coup de pistolet dans un concert ».

Elle ne brise pas une heureuse harmonie, elle est devenue l'étoffe même de notre existence. Ceux qui croient que cette tondeuse qui passe sur l'humanité, c'est sans importance, que cela ne concerne que des minorités négligeables, ont tort, car cette minorité, c'est eux-mêmes et ce qu'il y a de plus précieux dans leur vie. Ils se disent qu'on est bien tranquille quand on n'entend plus le hennissement des chevaux impatients, ils ne voient pas que c'est pour eux qu'on avance le brancard. Ils se réveilleront quelque jour marchant au pas autour de la meule : ils y sont déjà.

Car tout se tient. Ce mors que quelques-uns refusent, c'est pour tous qu'il est préparé. L'évangile selon les technocrates n'est qu'un mode mineur de l'évangile selon Karl Marx. Regardons les astres qui montent au-dessus de nos têtes. Nous ne voulons plus des héros, nous aurons des Pléiades nouvelles : *l'intellectuel*, gestionnaire de la conscience et le *technocrate*, gestionnaire de la production, étoiles qui brillent déjà de tout leur éclat dans le firmament soviétique, s'élèvent au-dessus de notre horizon.

Comme chacun le sait, le technocrate est un spécialiste, et on ne lui demande pas plus de qualités morales éminentes qu'à un cardiologue ou à un otorhino. Il sert comme eux à rédiger des ordonnances. Il est expressément invité à ne pas avoir de caractère, mais seulement de l'autorité. Il est un technicien des problèmes posés par les collectivités anonymes de producteurs-consommateurs et il doit régler leurs mouvements comme un ingénieur. Il peut avoir des idées, il importe même qu'il en ait. Mais il abhorre par formation tout ce qui dépasse, tout ce qui ne rentre pas dans les normes, tout ce qui ne s'inscrit pas docilement dans les statistiques. Son arme est la *dissuasion*, mot feutré, récemment introduit dans notre vocabulaire, et qui évoque très discrètement le système de tubulures dans lequel nous sommes priés désormais de circuler. Ce gestionnaire est hostile à toute brutalité, et également fermé à toute supériorité qui n'est pas strictement technique. L'idée que la civilisation doit aboutir à une classification des hommes selon leurs reins et leurs cœurs lui paraît monstrueuse. Il connaît des contribuables, des assujettis, les hommes ne lui apparaissent que sous leur définition administrative. Il n'imagine pas qu'ils puissent être autre chose. Il ne demande jamais à quoi servent finalement les ordonnances qu'il prescrit. Il est soumis, non à des hommes, mais à un système qu'il s'interdit de juger.

Ces qualités développent le sang-froid. Le technocrate est calme et objectif. Il se soucie aussi peu des destructions qu'il accomplit que le menuisier des copeaux que fait tomber sa varlope. Ce n'est pas de la cruauté mentale, c'est simplement absence d'imagination. Cette aristocratie technique est désincarnée, hautement cérébrale. Ce sont les grands-prêtres de l'ordinateur, messies envoyés sur la terre pour prêcher l'obéissance et la prospérité, et consubstantiels au Père qui s'appelle Cerveau et qui régnera sur les hommes, profanant la parole magnifique, pendant des siècles de siècles.

Comme l'instinct qui nous pousse à imaginer un « beau-idéal » n'est pas pleinement satisfait par cet intéressant personnage, la société industrielle se reconnaît dans d'intellectuel, produit plus complet qui bénéficie de toutes les contradictions qu'elle réunit. Comme le lapin de la fable, « cet animal est triste et la crainte le ronge. » A la vérité, il est tout à la fois emporté par un enthousiasme délirant et, à la réflexion, bouleversé. Les exploits de l'astronautique, les ordinateurs et la perspective lui tournent la tête, l'homme lui paraît avoir dompté l'univers et il en est fier, il lui parait inconcevable qu'on puisse nier la marche en avant de l'humanité. Mais en même temps la bombe atomique, le napalm, la sous-alimentation, l'analphabétisme, la misère, lui révèlent les ombres redoutables et les contrastes abrupts que la civilisation a engendrés et elles le remplissent d'horreur.

Heureusement, un monstre qu'on lui a désigné est l'incarnation du mal, et cette présence de Satan met un peu d'ordre dans le chaos. Il suffirait, lui ont expliqué ses maîtres, que l'impérialisme disparaisse et l'humanité progresserait sous les hymnes vers d'aimables et paisibles destinées. Il souhaite donc de tout son cœur la défaite finale de cet impérialisme abominable. Mais en même temps, il perçoit confusément que si l'impérialisme s'écroulait tout d'un coup, la marche pesante des légionnaires insensibles du monde grégaire piétinerait lourdement sa liberté personnelle. Ces choses-là donnent à réfléchir. Le jeune intellectuel moderne est donc comme le croyant qui aspire sincèrement au Paradis, mais qui souhaite y entrer le plus tard possible. Au nom de sa condamnation du capitalisme, il accompagne et appuie, mais avec réticence, toutes les campagnes qui ont pour but finalement la destruction de sa propre personnalité. Il souhaite un communisme libéral, ce que le communisme ne peut pas être, et un libéralisme socialiste, ce qui est également une impossibilité. Surpris de cette contradiction, il est triste et indécis. Il mêle le blâme et l'espoir, pèse avec scrupules ses jugements, et cultive jalousement les nuances qui le séparent de ses congénères, car le repos de sa conscience est dans ces nuances mêmes. Il blâme les chimériques et croit chercher honnêtement des solutions pratiques à la confusion du monde moderne : et il ne voit pas qu'il poursuit lui-même une chimère. Il n'est enfin qu'un instrument et se laisse promener de sophisme en sophisme par les charlatans de la conscience dont l'air grave lui en impose. C'est un jeune doctrinaire qui ne parviendra jamais à être lui-même

*

* *

Sur ce monde incertain et purement doctrinal, les fleurs les plus étranges peuvent pousser. Le rationalisme progressiste s'accommode de tout. Il ignore la *nature des choses* comme il ignore l'instinct. Le « progrès » pose des définitions. Il ne voit pas l'animal et ses lois. Et tout peut sortir des définitions. L'élasticité morale du monde moderne est infinie, ses formes d'expression également.

Ce laxisme des doctrinaires fait de notre temps le temps des hétérodoxies. L'art s'épanouit en formes monstrueuses. Il est au-delà de toutes les formes, précisément parce qu'il est devenu formalisme pur. Il n'exprime plus aucune vision de l'homme. Il n'exprime plus qu'une définition de l'art, une pure définition du fait de s'exprimer sans référence à l'homme : pour notre siècle, l'art se réduit à être une forme quelconque capable de susciter un sentiment quelconque. En littérature, le même mouvement devrait conduire à un pur constructionnisme, que les *lettristes,* le seul mouvement d'avant-garde actuel, ont accepté intrépidement. Mais la multiplication des expériences formelles dans lesquelles le commun des fidèles se réfugie n'est finalement qu'un succédané inférieur du *lettrisme*, une forme adultère et timide d'un expressionnisme inerte qui n'ose pas dire son nom.

La morale n'est pas moins tournoyante. En morale sexuelle, en particulier, on a obtenu des résultats spectaculaires depuis qu'on s'en tient à une définition rationnelle de l'acte sexuel. Comme pour l'art, on a établi que l'acte sexuel se réduit à être un contact quelconque capable de susciter une jouissance quelconque. On ne voit donc pas quelles objections on pourrait faire à un « formalisme sexuel » s'exprimant par des « expériences », ou dans des « directions », à la manière de l'art abstrait. La drogue elle-même n'est plus qu'une « matière » permettant une certaine « forme » d'expression de la personnalité. Les limites disparaissent, puisque toute expression de la personnalité est licite en soi : la condamnation qu'on ne peut plus fonder sur la logique de la nature ou de l'instinct et encore moins sur la qualité des actes est facilement présentée comme un préjugé qui ne repose sur aucun principe légitime.

Cet univers moral fluide, amorphe, sans frontières, ne

trouve une source d'inspiration et une force que dans la haine que lui inspirent la santé et l'énergie. Le fanatisme intellectuel réveille ces êtres inertes partagés entre l'extase et la terreur. Il est leur drogue, il les retrempe comme les eaux du baptême, il les réunit comme une messe, il leur redonne quelque chose d'humain. Ces mêmes esprits, si indécis, si retenus dans leur jugement, si tolérants, sont implacables quand il s'agit de leurs adversaires. c'est-à-dire de la race d'hommes dont ils abhorrent la nature et l'existence même. Tout le monde mérite l'indulgence, sauf l'être profondément immoral et dépravé qui ne sent pas comme eux. Celui-ci est un asocial, un dément qu'on regrette de voir en liberté. Il a échappé à la médication de la « conscience collective » : on se demande quel traitement on pourrait bien lui appliquer pour dissoudre enfin son irréductibilité.

Cet être irréductible peut avoir une vie privée irréprochable, son caractère à certains égards peut être estimable, il n'en est pas moins un *salaud*, il est même *le salaud*. La haine du *salaud* est un sentiment obligatoire. Elle fait partie du « beau-idéal » moderne, elle en est la nervure, le tronc rachidien, tout s'ordonne autour d'elle. On a tous les droits, sauf d'être *le salaud*. Et l'indulgence, la compréhension dont on est prodigue pour tous les crimes et tous les vices sont absolument proscrits, non pas même à l'égard des actes, mais simplement à l'égard de la simple existence du *salaud*. Le jeune penseur grégaire est généralement indigné par la peine de mort, il souhaite qu'on l'abolisse : sauf en politique où il la trouve trop rarement appliquée. Le salaud, dès qu'il est dépisté, devrait être abattu ou piqué, sans autre examen, ou tout au moins enfermé dans un asile et soumis à une triple douche quotidienne. Le *salaud* est bien entendu celui qui n'accepte pas les conséquences du règne du progrès sur le monde et notamment la royauté de l'homme grégaire, mais qui montre par sa conduire, par une vilaine réflexion, par un simple geste, que le courage, l'énergie et la fierté ne sont pas des sentiments absolument inconnus de lui.

Cette haine toute spéciale rend parfaitement claire la détermination d'éliminer de la production humaine une certaine « fabrication » comme disent les industriels, qui ne correspond pas aux « normes » du marché humain qu'on veut établir. Et nous allons constater une fois de plus que cette détermination a, certes, un aspect politique qu'on peut regarder comme une séquelle de la guerre de religion du XXe siècle, mais qu'elle a aussi des conséquences structurelles, pour ainsi dire, qui engagent l'avenir de tous les hommes, quelles que soient leurs opinions « politiques ».

Nous reconnaissons sans difficulté dans cet ostracisme intellectuel, le « mode mineur » du communisme que nous signalions plus haut. Comme la société « libérale » dans laquelle nous vivons n'est encore qu'un reflet affaibli de la société communiste, elle se contente provisoirement d'une condamnation « morale », d'une quarantaine, au lieu d'envoyer les adversaire, dans des prisons psychiatriques ou des camps de « redressement ». Mais l'altitude fondamentale est la même. On constate qu'il y a désormais des « déchets » humains inassimilables dans la société industrielle, impropres à la « courbure » qu'il est indispensable de donner aux hommes dans une société de consommation et qu'il importe par conséquent de rejeter. Et on remarque aussi que cette réduction à l'état de déchet concerne non seulement des hommes mais aussi des valeurs. Il est inutile de nous répéter ici : une fois de plus, c'est toute la définition de l'homme léguée par le passé qui est impropre, dans le monde moderne.

*

Le monde moral et le monde matériel ne sont pas séparés, comme on le croit, ils se correspondent. Le dirigisme moral qui aboutit à l'uniformisation des cervelles et des volontés se reflète sur le plan matériel dans l'uniformisation des vies et des désirs.

Nous en sommes arrivés, sans nous en rendre compte, à un régime où il n'est pas permis de *penser incorrectement,* et où il n'est pas permis non plus de *vivre incorrectement.* Comme le marxisme, la démocratie tient qu'il existe une vérité morale parce qu'elle croit comme le marxisme à un progrès de l'humanité et par conséquent à un sens de l'histoire. Quiconque admet ce credo doit en accepter le corollaire : s'il y a un sens de l'histoire, tout ce qui va dans ce sens, pensées, jugements, aspirations, est bon, et tout ce qui va dans le sens contraire, réflexes, regrets, répugnances, est erroné. Comme les marxistes, les démocrates distinguent donc des idées qui sont *correctes* et d'autres qui ne le sont pas : et aussi des *attitudes* qui sont correctes et d'autres qui ne le sont pas. L'idée et l'attitude deviennent inséparables, car l'attitude est l'incarnation de l'idée dans la vie, dans ce que les marxistes appellent la *praxis* et les démocrates, moins savants, la conduite. L'alignement sur une *pensée correcte* entraîne donc nécessairement la soumission à une *attitude correcte,* laquelle dans la société de consommation, comprend la bonne volonté, l'optimisme, le désir d'acheter, l'ambition d'être aujourd'hui semblable à son collègue et demain pareil à son chef de bureau, la satisfaction d'être un bon client et un bon citoyen en dépensant son argent au guichet où il est indiqué, dans l'intérêt général, de le dépenser. Ainsi, la conscience industrielle est complétée par une éducation industrielle qui fait de nous, non des citoyens à part entière, mais des consommateurs intégralement téléguidés

L'administration et les technocrates, moins hypocrites que les académiciens, nous appellent honnêtement des *assujettis*. On conçoit que, dans le monde des assujettis, il ne soit pas question de vertus mais de « normes ». On n'y supporte pas ce qui surprend et ne rentre pas dans la prospective : la machine électronique doit pouvoir tout calculer Ce que la machine électronique ne comprend pas, ce qui ne peut pas s'exprimer par de petits trous sur des cartes, est précisément ce qu'il faut éliminer *dans l'intérêt général*. Toutes les existences doivent rentrer dans des catégories connues et analogues qui débouchent les unes sur les autres. Ce qu'il y a d'irréductiblement personnel est un « facteur d'incertitude ». L'épure sur laquelle rêvent les ingénieurs du monde moderne représente une collection de salariés emboîtés selon leur compétence. Point de gardes-chiourme, point de contraintes, de vilaines manières. Une technique de l'« orientation » et du « dégagement » maintient chacun dans la voie qui lui est tracée c'est la « dissuasion » qui « incite » à l'autodiscipline. Outre l'avantage qu'il y a à pouvoir passer ainsi sans difficultés de l'orange au rouge, c'est-à-dire de la démocratie contrôlée à la démocratie populaire, on conçoit qu'il est toujours agréable, en toute espèce de république, d'avoir affaire à des assujettis.

Je ne suis pas sûr que les différences dont nous faisons grand cas soient autre chose que des permissions d'aller à la ville. Les ilotes de tous les pays ont des *saloons* où ils cassent tout quand on leur donne quartier libre. Nous avons nos illusions comme eux. Nos libertés ne sont que les chaînes plus ou moins longues qui nous attachent à la niche.

*

* *

Un autre caractère de la civilisation *mercantile* dans laquelle nous vivons est la *primauté de l'économique* : à la fois dans notre vie nationale, et aussi dans notre vie professionnelle, et même dans notre pensée. C'est un symptôme de l'emprise du *marchand* sur nous : c'est pour lui qu'on gouverne. Mais c'est aussi une justification dont on se prévaut en faveur du conformisme qui nous est imposé. Il n'y a plus de *prince* au-dessus des contrats pour briser la puissance du riche, atteindre les exploiteurs et les habiles derrière les gabions de la procédure et rétablir la justice dans les contrats léonins. Mais ce n'est pas assez qu'il n'y ait plus de prince : il faut encore que nous tendions le dos de bonne grâce pour porter notre charge de briques.

La disparition de toute hiérarchie supérieure à celle de l'argent et, par conséquent, de tout pouvoir supérieur à celui de l'argent, fait peser de tout leur poids sur nos têtes les *nécessités de l'économie*. Celles-ci se développent comme une logique propre qui tend à devenir la seule logique de notre monde. Elle étend sur nous ses impératifs auxquels nous sommes en réalité étrangers et nous les impose comme les lois de notre propre vie. Nous marchons comme des forçats sur les berges du beau fleuve *Vendre-Vendre-Vendre* le long duquel nous hâlons le bateau des prêteurs. Les yeux fixés sur la *balance des exportations*, sur le *cadrant de la circulation monétaire*, les ingénieurs ajustent et généralement raccourcissent la longe qui nous permet nos propres mouvements. Au-dessus d'eux, point de princes, point de fouets qui tournoient. Ils calculent, pilotent, répartissent. Ils gardent pour eux quelques rares clous d'or et nous distribuent les billes d'agate que nous appelons nos joies et nos libertés.

Et qu'avons-nous à faire de *vendre* ? Pourquoi est-ce notre prospérité, notre fierté et finalement notre vie ? Quel décret du ciel a décidé que le bonheur des hommes serait inscrit à jamais dans les registres des marchands ? Que signifient notre fureur et notre angoisse, sinon autre impuissance à dominer notre temps ? Nous créons par notre propagande des besoins insensés et inutiles, puis nous sommes les prisonniers de ces cataractes de cupidité que nous avons déchaînées. Nous devenons des forçats pour nous assurer le superflu. Et nous perdons notre vie, notre vie brève et unique, à courir après les fausses images de la vie que nous nous sommes stupidement forgées. Nos journaux sont envahis par nos terreurs et par nos plaintes. Des fantômes qu'on appelle la monnaie, le crédit, l'exportation, peuplent nos nuits. Qui nous dira donc un jour qu'ils ne sont rien ? Si nous gardions les pieds sur la terre, nous saurions que l'essentiel est d'être forts et résolus. Vendre n'est qu'un accessoire dont on peut toujours s'affranchir en refusant d'acheter. De toutes manières ce n'est rien. La vraie richesse et la vraie force sont ailleurs. Et aussi la vraie liberté.

*

* *

Nous ne pouvons pas empêcher que le siècle dans lequel nous vivons soit peuplé d'usines et de bureaux. Mais il nous appartient de mettre au-dessus de tout les conditions de vie que nous faisons aux hommes. Nous n'arrêterons pas le fleuve qui, chaque matin, coule vers les entrepôts de viande humaine. Mais nous pouvons le rendre moins morne. Nous pouvons surtout ne pas l'aggraver en ajoutant ou en laissant ajouter l'abrutissement collectif et la dépersonnalisation aux modes de vie que nous impose la production massive.

À cet endroit, les bons apôtres nous proposent l'organisation des loisirs. Ce vocabulaire est un aveu naïf.

Car le loisir est affaire de choix et de caprices. Si l'on nous convoque à la gamelle, cette réjouissance collective ne vaut pas mieux que le travail. Et la culture aussi ne se distribue pas en sachets et rations, mais se déguste à petits coups quand on en a envie. Ces propositions singulières nous dévoilent l'inconsciente cruauté mentale des temps modernes. La dénaturation de la personnalité est considérée comme une chose si naturelle qu'on ne trouve pas d'autre solution pour nos maigres joies : on nous dore seulement la pilule. Et encore n'en prend-on pas toujours seulement la peine. Les hideux râteliers collectifs dans lesquels on nous entasse pour la nuit témoignent de peu d'égards. Ils sont *fonctionnels,* disent les techniciens. *Fonctionnel* est un mot sublime qui signifie toujours que vous ne comptez pas et que vous pouvez constamment être remplacé par la même unité humaine propre à remplir les mêmes fonctions.

Mais ce mot sublime indique assez une partie des causes. La cruauté et la laideur du monde moderne ont pour origine le propos bien établi de fabriquer au plus bas prix possible. *Fonctionnel* signifie qu'on vous traite comme un objet parmi d'autres, mais aussi que l'objet que vous êtes pose des problèmes qu'on doit résoudre par des solutions simples et économiques. La cupidité, qui vous prive subrepticement de la plus grande partie de votre vie, s'arrange aussi pour rendre écœurante la petite partie dont vous disposez. Nous n'avons même pas la possibilité de nous consoler avec les pays qui ont détruit cher eux le capitalisme privé. L'administration étatique est un monstre au cœur aussi sec que le pire conseil d'actionnaires, elle vous réduit encore à la portion congrue du fonctionnel, elle en a même le culte et de plus, elle est brouillonne et stérile. L'administration des pays communistes a élevé un très beau monument à l'économie libérale qui a autant de sensibilité qu'un usurier, mais qui, du moins, est efficace.

*

* *

Il y a dans la vie moderne une autre source de cruauté, beaucoup plus raffinée et perverse, et dérivant, elle aussi du climat du mercantilisme. C'est l'invasion permanente et la cohabitation forcée de la publicité.

L'État français ne tolère pas qu'on vende des allumettes. Il s'est aussi réservé la vente des cigares et du tabac. Il nous fournit l'eau, le gaz, l'électricité et confisque en somme la distribution de tous les produits et services qui naissent de nos besoins : nous sommes, dès notre naissance, une chasse gardée. Mais notre esprit, lui, est une garenne où chacun peut poser ses pièges. Il est livré comme un terrain vague à l'exploitation du plus audacieux. On y plante des tentes, on y élève des baraques, on y mène toutes les parades, c'est la Foire du Trône de notre premier à notre dernier jour. Nos lois punissent le gaillard un peu pressé qui trousse quelque maritorne sur le bord d'un fossé, mais le viol des consciences est permis à toutes les heures. Ce ne serait rien si c'était seulement une chienlit. Mais c'est une obsession perpétuelle, un empoisonnement savant et continu. Il ne suffit pas de regarder couler le beau fleuve *Vendre-Vendre-Vendre,* on nous entonne des litres de son eau immonde comme autrefois à ceux qui subissaient la question. Cet empoisonnement altère tout : notre jugement, notre volonté, le témoignage de nos sens, il nous impose des idoles, il nous fabrique des vérités, il change notre sang comme si nous subissions une transfusion continuelle. Et, en même temps, il agit comme une drogue : il nous excite, il nous obsède, il nous laboure et fait germer en nous des désirs, des idées fixes, plantes étrangères qui croissent comme une ivraie, étouffent tout en nous et nous imposent leur sale présence. Et nous ne sommes plus que cette immondice même qu'ils ont mis en nous, nous ne sommes plus que ces désirs imbéciles, tous parallèles et mis en bottes pour former cette belle chose qu'on appelle un *chiffre d'affaires*. Les vampires bourdonnent autour de nous à toute heure, et nous sommes ce bourdonnement même. Ils font de nous des fous, des pervertis, ils nous soutirent notre sève et notre vie : toutes ces belles choses, rien qu'une petite mensualité, rien qu'une petite signature, et *vous emportez, vous emportez*. Le souffle ignoble de Shylock sur chacun de nous. Tout est protégé, notre champ, notre compte en banque, notre sacro-sainte voiture, mais notre âme est une baraque ouverte à tous les vents dans laquelle chacun peut camper. Ce que l'Église appelait notre *for intérieur*, ce domaine réservé dont elle s'interdisait l'accès, dont Dieu seul était le témoin et le juge, c'est cela qu'on livre à l'encan. Au seul profit du show-boat qui descend le beau fleuve *Vendre-Vendre-Vendre*, éclairé comme un tramway et bruyant comme une kermesse.

Ce « viol des consciences », quand il est fait au profit de la politique, inspire des phrases indignées aux professionnels de la « chose littéraire ». Est-il vraiment plus innocent quand il a pour résultat notre abrutissement ? N'est-ce pas de toute manière notre personnalité même qui est détrempée, essorée, stérilisée, puis remplie d'un produit adapté soit à la société de consommation, soit à la société communiste ? Je me moque bien de la raison que donne l'arracheur de dents chargé de l'extraction de mon âme. Je vois que je n'ai plus le droit d'être moi, voilà tout.

Si je les voyais heureux... Je ne puis écrire cette phrase sans rêver. Les voyageurs qui reviennent de Chine disent que les jeunes Chinois ont un air heureux. Le lavage de cerveau rend béat. On leur injecte cela aussi. Cela fait partie du traitement. Mais nous ? *Cela fait partie du traitement aussi*. On vend l'euphorie comme le reste. Et ces hommes que je plains de la vie que le monde moderne leur fait, ils s'en plaignent, certes, pour une part, mais ils contemplent avec une évidente satisfaction ces belles choses qu'on leur a dit d'acheter, et qu'ils ont achetées en effet avec une petite mensualité, une petite signature, la machine à laver, la « télé », la « voiture », pleurant d'un œil et riant de l'autre et ne sachant pas très bien si la vie est merveilleuse parce qu'on est vendredi soir ou si elle est un morne esclavage parce qu'on est lundi matin.

*

* *

Si vous aimez les carottes, n'allez pas en Amérique. La carotte y est introuvable sous la forme que le ciel lui a donnée. On la trouve congelée, en poudre, en pilule. Entre la carotte et vous il y a une demi-douzaine d'industriels. La salade, les endives, le poisson frais, ont aussi complètement disparu, et aussi l'honnête lait qu'on donnait jadis aux petits enfants. Comme elle était capiteuse l'odeur des épiceries d'autrefois ! On plongeait les bras dans les pois cassés et les lentilles, le parfum de l'huile de noix réjouissait le cœur. Ces braves nourritures sentaient bon comme une étable. Dans les fermes, au-dessus de la cheminée, les miches de pain blanches de farine mesuraient le mois commencé. Et le seau qu'on remonte du puits plein d'eau fraîche et dans lequel on se plonge la tête en riant ! Mais ils sont comme moi, les hommes de notre temps, ils ont des souvenirs. Ils ont des yeux et ils verront, ils ont des narines et ils sentiront. L'animal tressaille en eux dès qu'ils voient la prairie. Ils sont chez eux dans chaque village. Ils se souviennent sous leur licou de leurs courses de poulain. Et les voix qui protestent s'entendent de partout.

La plupart des protestataires se contentent toutefois

d'illusions. Ils broutent dans leur coin des ersatz d'indépendance et regardent avec admiration quelque héros qui représente ce qu'ils voudraient être. Par exemple, ils passent leurs vacances sous une tente ou dans une caravane et les plus audacieux couchent dans les bois et font du feu entre les pierres. Beaucoup se bornent à lire avec enthousiasme la page sportive des journaux, ils épinglent au-dessus de leur lit l'image d'un champion cycliste. Les *westerns* ou la lecture de *Tintin,* leur principale nourriture intellectuelle, leur versent un breuvage plus capiteux. Ils trouvent dans ces aventures l'image du juste qu'ils voudraient être. Comme dans Corneille, le Cid Campeador décime les Indiens Comanches et épouse la fille du shérif qui l'avait arrêté autrefois. L'air est pur, la route est large et les *rangers* sont de beaux mousquetaires. Engagez-vous dans l'infanterie de marine. Au bout de l'héroïsme, on trouve Déroulède qui est aussi rassurant que Camus : car un uniforme de sergent de zouaves permet d'être à la fois chevaleresque et conformiste. Qu'il est doux de se faire tuer sans savoir pourquoi ! Cette paix de l'âme n'est pas accordée aux esprits plus exigeants qui se nourrissent des films de gangsters. Leurs beaux héros finissent toujours mal. Mais quelles ruades ! Enfin des mâles qui nous font le coup de *l'homme de bonne volonté !* On boit de la révolte à quarante-cinq degrés avec délices. C'est toujours du cinéma. Mais Corneille, est-ce qu'il fait de nous des Regulus ? Notre culture n'est toujours qu'un rêve qui nous dessine les images de ce que nous voudrions être.

Nous prenons des figures de maître d'école pour reprocher à nos adolescents leurs instincts pervers. Mais quelle autre image de l'énergie leur donnons-nous ? Ils vivent de contrefaçons. Le gangster est la contrefaçon du héros. Mais il en est bien d'autres. Ceux qu'ils appellent leurs idoles ne sont souvent que des chevaux qu'ils aiment à voir se rouler furieusement sur le sable. Johnny Halliday est une « bête » et ils se grisent de sa fureur. Ils communient dans sa fureur qui devient collective. Ils cassent tout parce que l'animal se réveille en eux par l'admiration et la contagion. Ils se « défoulent ». Autre mot admirable de notre vocabulaire. La « bête » prisonnière hurle dans sa cage. Ce qu'ils brisent, ce ne sont pas des chaises, mais les barrières dans lesquelles nous les enfermons. Ils étouffent. Ils crient qu'ils veulent vivre. Leur jeunesse écume à leurs lèvres. Nous, gendarmes, les regardons avec répréhension. Et nous feignons de ne pas comprendre que l'emploi qu'ils font de leur jeunesse et de leur animalité est mauvais parce que nous ne leur en proposons aucun qui soit bon. Ils rêveraient aussi bien de *samouraï* si nous étions capables de leur en montrer. Ce qu'ils aiment, c'est l'être indompté et fort qu'ils ne sont pas. Que nous ne voulons pas qu'ils soient.

Cette « graine de violence » qui est en eux, c'est ce qui leur reste de l'héritage des hommes. Doucement, leur disent les prêtres, doucement, leur disent les gens sérieux, et chacun leur présente sa muselière. Ils rejettent notre hypocrisie comme ils rejettent nos fables. Et ils sont séparés de nous, race étrangère, bandes insoumises de jeunes loups, anges noirs de la fureur de vivre sur leurs motos de conquérants. Autrefois, ils sautaient sur le cheval qu'ils trouvaient dans un pré. Aujourd'hui, ils volent une auto pour un soir. C'est le même geste. Nous nous essoufflons à courir après eux, gardes champêtres poussifs de la morale. C'est sans espoir. Ils ne sont pas immoraux. C'est bien pire. Ils ne veulent pas du monde que nous leur préparons. Ils n'ont pas envie de voguer avec nous sur le beau fleuve *Vendre-Vendre-Vendre*. *Ils* ne veulent pas être les bateliers de la Volga.

*

* *

Les sociétés issues du pédantisme progressiste, bien qu'elles se réclament de la liberté, aspirent donc toutes à soumettre et à émasculer, mais selon des modes et des perspectives qui leur sont propres. Pour les unes, les sociétés de type collectiviste, cette soumission est fondée sur la contrainte, ladite contrainte étant justifiée par le degré de perfection que la justice sociale est censée avoir atteint. Pour les autres, les sociétés du type libéral, cette soumission est censée être « consentie », elle a pour moteur l'intérêt personnel, on l'obtient par persuasion et dissuasion, en se référant ostensiblement au postulat de la liberté individuelle. Aucun des deux grands types de sociétés modernes, ni la société collectiviste, ni la société libérale, n'a réussi à faire naître le mouvement spontané qui correspond véritablement à une culture, l'accord que les hommes établissent d'eux-mêmes, sans qu'on les force et sans qu'on les dissuade, entre le monde et leur propre vie. Et comme ce dernier mode d'entente avec les choses est le seul qui engage pleinement toutes les forces, sans en excepter les forces de l'instinct et de l'animalité, les sociétés modernes ne peuvent *se développer* qu'en persuadant l'homme d'oublier qu'il est un animal, d'étouffer l'animal en lui et, en même temps, l'instinct, la spontanéité, la générosité et de n'être plus qu'un être *rationnel,* unité conforme à un type parmi d'autres unités.

Le malaise du monde moderne provient en grande partie de cette *soumission* qu'il est obligé d'imposer et qu'il ne peut fonder que sur des explications hypocrites. La croissance de la population rend peut-être cette discipline indispensable. Elle en fait même le problème capital de l'avenir. Mais en même temps cette soumission décolore la vie, lui retire son goût naturel : elle fait de notre existence une existence insipide. Et elle serait pourtant notre joie et notre fierté si nous pouvions la revendiquer, si nous trouvions en elle notre accomplissement.

L'hypocrisie de la société libérale et l'hypocrisie de la société marxiste créent finalement un égal malaise et un égal dégoût. Parce que la société libérale et la société marxiste mentent l'une et l'autre et proposent l'une et l'autre un faux idéal qui masque tantôt la loi implacable du profit et de l'exploitation, tantôt la dictature imbécile de la caserne. Et leurs mensonges, leurs fausses positions proviennent de ce que l'une et l'autre ont pris pour fondement de toute la structure *l'économique* et non pas l'homme. Elles nous proposent deux esclavages différents de *l'économique* qui, finalement, en arriveront à se ressembler, tous les trusts, d'État ou de banques, n'étant qu'une seule mécanique au fond. Or, ce qui est important, c'est le destin qu'on fait à l'homme. Et dans ce destin il y a quelques éléments irréductibles parce qu'ils sont le propre de *l'animal humain*. Il faut que l'homme ait une famille et qu'il en soit le chef, il faut que l'homme ait une demeure et qu'il la bâtisse selon son goût, il faut que l'homme ait un travail et qu'il aime ce travail, qu'il le fasse avec joie et que le fruit de ce travail lui revienne loyalement. À ces conditions, *l'homme vit,* il mène sa vie d'homme libre, il n'est pas volé de son existence. Et l'État n'est là que pour lui assurer les conditions de cette existence qui sont les conditions mêmes de la liberté.

Or, rien de tout cela n'est incompatible avec une civilisation de production : mais tout cela est incompatible avec les idées fausses que nous avons *ajoutées* à la civilisation de production et qui lui ont donné son caractère actuel. L'individualisme qui détruit la famille, l'égalitarisme qui impose à tous les mêmes conditions de vie, le fonctionnalisme qui rend le travail anonyme et écœurant, sont des *circonstances aggravantes* que nous avons ajoutées à la civilisation industrielle pour en faire la « société démocratique de consommation ». Elles sont nées de notre cervelle et non de la nature des choses. Avec une tournure d'esprit différente, avec une autre manière de chercher les solutions, nous aurions pu les éviter et produire tout autant dans un paysage différent. Le monde moderne est né de nos cerveaux et non de nos machines. Nous avons préféré les *principes* à l'homme et les effets du gigantisme ont été multipliés par les effets de nos principes. Nous avons fabriqué des robots et des imbéciles et nous leur disons aujourd'hui : « Robots, soyez heureux ! » Mais la mayonnaise ne prend pas. Et ceux qui ont conservé le secret du bonheur regardent avec consternation ces longues files de gâteux précoces que nous avons obtenus en cent ans.

Si la construction de l'Europe a un sens, c'est principalement à condition que l'Europe sache inventer une solution originale au malaise de la société de consommation, en s'inspirant de son expérience et de ses traditions. Au-delà des préoccupations purement économiques du Marché Commun et des préoccupations purement politiques de la naissance d'une troisième force militaire et diplomatique dont les perspectives sont encore lointaines, c'est surtout par l'élaboration d'une troisième option morale que l'Europe peut servir l'avenir. C'est essentiellement sur ce plan que les solutions russe et américaine sont insuffisantes et dépassées. Nous avons besoin d'une troisième image de l'homme et de la vie. Refuser à la fois Washington et Moscou, ce n'est pas seulement aujourd'hui un choix politique, c'est surtout un choix moral : c'est refuser les villes américaines et le camp de concentration communiste. Ces deux formulations du gigantisme industriel ont toutes les apparences de la force, mais en réalité elles vont à la dérive. L'une et l'autre en sont à accepter les yeux fermés les impératifs d'un développement monstrueux. Elles foncent dans la nuit.

Elles ont laissé l'inondation se répandre et elles voguent sur un fleuve dont elles ne voient plus depuis longtemps les bords. La mission de l'Europe est de construire les digues qui canaliseront la société de consommation. Nous avons besoin d'établir quelque pouvoir, à défaut de quelque dieu, au-dessus des ingénieurs du monde moderne, au-dessus de l'empire des stocks et des bilans.

Cela même ne suffit pas que nous pensions aux hommes, et les problèmes ne sont pas seulement d'*accommodation*. C'est assurément beaucoup que d'obtenir quelque relâche de la pression du monde moderne : mais ce n'est que de l'ordre des soulagements et des remèdes. Pour que nous échappions durablement à la menace d'esclavage que la boulimie de la production aura toujours tendance à répéter, c'est l'idée même que nous nous faisons de l'homme que nous devons restaurer. Ce n'est pas assez de respecter l'animal humain. Pour qu'il survive aux obsessions continuelles du matérialisme, il faut qu'il trouve en lui-même quelque inspiration plus profonde que le souci de son propre bien-être. Il faut développer en lui, il faut *cultiver* les qualités nobles de l'animal humain. Il faut qu'il les sente comme son attribut essentiel et sa fierté. C'est la meilleure défense de l'homme non seulement contre les formes directes ou insidieuses du totalitarisme, mais encore contre la pression formidable du matérialisme qui l'assiège de toutes parts. Que l'Europe apporte donc aux hommes autre chose que des solutions ingénieuses. Qu'elle soit la terre qui leur porte une fois de plus les paroles qu'ils peuvent comprendre. Qu'ils entendent au moins quelque part une voix qui leur dise : « Souvenez-vous de vivre ».

CHAPITRE II

BIOGRAPHIE INTELLECTUELLE D'UN NATIONALISTE

L e dialogue qui s'était institué au XIXe siècle au commencement de la société industrielle est vieux comme le monde, c'est celui de l'homme et de ses inventions. Il ne suffit pas de dire : *je suis la nouvelle loi*. Il faut que cette loi soit viable, c'est-à-dire que l'homme se trouve à l'aise avec ce qui lui est essentiel dans les formes de vie nouvelles que le changement des choses lui impose. On n'a rien résolu quand on ampute l'homme d'une partie de lui-même. Les révolutions même ne sont que des mutations brusques qui accélèrent la cadence de *l'accommodation*. Elles éliminent *une classe* d'hommes pour lesquels l'accommodation est impossible. Mais elles proposent aux autres une accommodation, et non une amputation, car finalement, il y a toujours des moujiks et des familles de moujiks et des villages et des champs de maïs, quel que soit le nouveau nom qu'on leur donne. Et celui qui prétend amputer et non construire est voué à l'échec. C'est la leçon de la révolution culturelle des Chinois. On peut exalter un aspect particulier de l'animal humain ou de la vie, on peut en faire une préoccupation dominante à une époque donnée, mais c'est tout ce qu'on peut faire : les autres propriétés de l'animal humain subsistent, les aspects de la vie qu'on regarde comme secondaires n'en existent pas moins, et finalement un jour ou l'autre il faut leur donner satisfaction à eux aussi parce que leur répression définitive est impossible et qu'en cherchant chimériquement à la réaliser on met en péril l'œuvre toute entière.

Cette accommodation de l'animal humain, d'une part à la vie mécanique que lui impose l'industrie, d'autre part aux hiérarchies inhabituelles que le capitalisme fait naître avait été le débat majeur du XIXe et du XXe siècles. La civilisation agricole des siècles précédents avait enraciné des habitudes de vie et une conception de la vie, qui confirmaient un certain mode *naturel* d'existence et de pensée, elle avait abouti aussi à une hiérarchie *naturelle* fondée sur la possession de la terre et la défense de la terre qu'on retrouvait dans tous les pays, dans tous les temps. La civilisation urbaine transforma les habitudes de vie et ouvrit la voie à des conceptions nouvelles de la vie, en même temps la concentration capitaliste fit apparaître des *seigneurs* inconnus au siècle précédent et amena la substitution d'une hiérarchie nouvelle à la hiérarchie d'autrefois. Il y avait quelque chose *d'artificiel* aussi bien dans la vie urbaine que dans la nouvelle hiérarchie sociale. Et cette substitution entraînait tout un matériel nouveau de représentations. Les occupations changeaient, mais aussi les plaisirs, les relations dans la famille, les biens qu'on recherchait, le but qu'on donnait à sa propre existence et finalement l'idéal qu'on se proposait et les croyances sur lesquelles cet idéal était établi.

Dans ce monde nouveau que les *choses* autour de nous faisaient naître, qu'allaient devenir le paysan qui est en chacun de nous ? On nous expliquait qu'il était le *vieil homme* en nous et qu'il fallait nous débarrasser du vieil homme, que le progrès, cela consistait même essentiellement à le rejeter. Mais si ce paysan en nous était l'homme lui-même, si ce *vieil homme* était ce qu'il y avait de plus précieux en nous ? S'il ne voulait pas mourir, si nous ne voulions pas nous prêter à ce qu'il meure ? Ce fut le débat central, le débat secret, le drame secret. Et au centre de ce débat, il y avait Balzac, il y avait Stendhal et Nietzsche, il y avait même Baudelaire et non pas Lamartine, Hugo ou Novalis, autour desquels nos professeurs organisaient le ballet du siècle. Et ce que nous appelons le « débat » du XXe siècle, est-ce vraiment autre chose que ces sursauts de l'animal humain dans les *conditionnements* divers qu'on lui impose ?

Pourtant nous étions nés au milieu des hymnes. On traînait le char de la Science au milieu d'une foule gonflée d'espoir. L'émerveillement arrondissait toutes les faces. On avait vaincu la peste et la rage, on avait triomphé des distances, on avait percé les montagnes, on avait fécondé les entrailles de la terre. Le ciel lui-même s'inclinait. Et la création, docile, suivait l'homme comme un gros chien. Nos instituteurs conduisaient la chorale de nos certitudes. L'État donnait des bourses aux garçons qui avaient le prix de calcul et il était sûr qu'ils deviendraient Président de la République après avoir été Polytechniciens. Nous n'étions pas de petits Rastignac : nous étions trop certains que le mérite suffisait à tout. En quel siècle était-il meilleur d'être né ? Nous plaignions les enfants qui avaient eu le malheur de naître dans les siècles de ténèbres qui ignoraient la cosmographie.

Dans le Berry de 1913 nous n'entendions rien d'autre que ce bourdonnement heureux qui venait de l'école. Quand j'allais à Bourges avec mes parents, j'entendais quelquefois parler des ouvriers de la « Pyrotechnie ». On s'en entretenait à voix basse comme de sauvages qui campaient aux portes. Un instituteur nous avait fait apprendre un poème de Sully-Prudhomme, dans lequel le boulanger refusait de cuire le pain. Je le récitais comme un poème chinois. Mon père me montrait le sénateur Mauger, figure rouge brique avec une grosse moustache blanche, qui était un « socialo » et dont *La Dépêche du Berry* parlait avec horreur. Je faisais un détour pour ne pas passer devant sa maison. L'idéal de mon père était Gustave Vinadelle, maire de Dun-sur-Auron, qui ressemblait à un architecte, faisait rayonner sur le canton les « lumières » du parti radical-socialiste et était conseiller général de l'arrondissement. Je n'imaginais pas qu'il pût y avoir rien d'autre dans le monde que des paysannes qui portaient leurs poulets au marché et rien ne me paraissait plus beau que les clairons du 95e d'Infanterie qu'on entendait s'exercer dans les prés.

Depuis cinquante ans, néanmoins, bien des gens apercevaient cet *envers* du XIXe siècle que Dun-sur-Auron ne soupçonnait pas. Ils mesuraient la grande ombre que les inventions projettent sur les hommes. Ils voyaient s'élever les vents qui balayeraient sur les routes les noires fermières à coiffe blanche qui allaient chaque semaine au marché. Ils regardaient avec angoisse ces pluies bienfaisantes que des nuages noirs accompagnaient. Ils devinaient que l'homme risquait d'être entraîné par le courant formidable de cette soufflerie construite par lui-même, qu'il ne peut rien contre la balistique implacable des inventions multipliées par les imaginations qu'elles déchaînent.

Quand une invention nouvelle apparaît, si elle n'est pas terrifiante, l'imagination des hommes l'accueille comme une fiancée. Mais ce mouvement d'espérance n'est pas sans effet sur eux-mêmes. Les biens nouveaux font naître le besoin de les posséder, la possibilité de les fabriquer et de les vendre par immenses quantités donne des ailes à la cupidité. Ces sentiments nouveaux avaient cru avec fureur. Ce fut une herbe qui envahit tout. Le capitalisme était né dans le désordre de la liberté. On n'imaginait pas que la liberté de contracter était en même temps la liberté d'exploiter. Engels décrivait les bouges dans lesquels avaient vécu à Londres les pères de ces ouvriers de la « Pyrotechnie » dont les figures sombres me faisaient peur. L'affreux sénateur Mauger était simplement un homme qui avait lu plus de livres que l'aimable citoyen Vinadelle. Mais l'erreur de Marx, d'Engels et de l'affreux sénateur Mauger était de parler le même langage que leurs adversaires : ils demandaient un transfert des bénéfices, mais ils acceptaient le monde nouveau, le monde mercantile qui était né de la production massive des biens nouveaux, ils ne proposaient qu'une répartition nouvelle de ces biens dans lesquels ils voyaient les pommes d'or du paradis terrestre.

Il y a chez les hommes une sorte de pensée qui engage l'être tout entier. À certains moments, nous sentons bien que ce n'est plus le cerveau seul qui décide, mais quelque chose en nous de plus profond. C'est un mouvement de tout l'être qui nous dicte un refus ou qui accepte. Cette *pensée instinctive* sommeille chez l'homme. Elle est végétative, elle est lente, elle se manifeste par le malaise et l'inquiétude et il faut du temps pour qu'elle devienne claire : tandis que la pensée grégaire qui s'exprime dans les journaux et dans les discours des académiciens mène une danse allègre et fait entendre partout ses flûtes et ses grelots.

Le vrai visage des temps modernes mit longtemps à apparaître. Toute une partie de l'Europe ressemblait à Dun-sur-Auron. On entendait le marteau du maréchal-ferrant en passant dans la rue des Ponts. Le tambour de ville annonçait aux carrefours les objets perdus. Et Gustave Vinadelle vantait l'enseignement laïc. Maître Mahaut le notaire, qui passait pour avoir un million, savait qu'aux portes de Berlin, Charlottenbourg était passé en vingt ans de vingt-quatre mille à deux-cent quarante mille habitants, que les usines Siemens occupaient plus de treize mille ouvriers, d'autres firmes dix-sept mille, on lui avait parlé des villes-champignons de la Ruhr ou de l'Angleterre, il n'ignorait pas que les campagnes se dépeuplaient. Mais maître Mahaut était notoirement réactionnaire. Gustave Vinadelle avait bien entendu parler des « rois » de l'acier, des chemins de fer, du corned-beef. C'étaient là des personnages fabuleux qu'on ne rencontrait qu'en Amérique. Et le comte de Gourcuff, qui avait un château à Nérondes et qui se promenait avec des guêtres, ne pensait pas autrement que lui. À part les ouvriers de la « Pyrotechnie », tout était parfaitement rassurant et pareil à ce qui était autrefois. Beaucoup de banques étaient encore des entreprises familiales, le banquier était une sorte de notaire. Le protectionnisme maintenait les économies nationales dans leur aire géographique et freinait la contagion du gigantisme. Ces pénéplaines du capitalisme composaient un paysage rassurant. Les hiérarchies aristocratiques existaient encore, elles en imposaient : et la richesse des industriels ne leur donnait pas d'autre droit que l'espoir *d'être admis* dans cette société fondée sur autre chose que sur la richesse. Ce paysage trompeur paraissait respecter les proportions et les étagements naturels. C'étaient encore d'autres biens que l'argent qui fixaient le classement des hommes. Le comte de Gourcuff ne paraissait pas inquiet de la tournure que prenaient les choses.

Il aurait dû aller plus souvent à Paris. On y sentait mieux les ondes invisibles qui se propageaient et changeaient insensiblement le socle sur lequel dormait Dun-sur-Auron. Les « nouvelles couches » que Gambetta avait saluées après la défaite de 1871 menaient grand bruit dans la reconstruction. Les affairistes et les parvenus du Second Empire affirmaient déjà assez clairement le triomphe de l'argent. Mais un régime bonapartiste, malgré ses tares, plaçait nécessairement le capitaine au-dessus du marchand. Cette suprématie des militaires s'était effondrée à Sedan. La République avait inscrit dans ses institutions : « *Cedant arma togae* ». Ce fut pendant longtemps sa véritable devise. C'était donner le champ libre à l'arrogance du parvenu qui ne voyait plus aucune vertu à mettre au-dessus de la vertu d'être riche. Les familles dont toute la fortune était terrienne et dont toute l'ambition était de se distinguer au service du pays avaient pris conscience les premières du déclassement dont elles étaient menacées par la prépotence des marchands. Le réveil de la pensée instinctive se produisit alors dans toute une catégorie sociale. Ces groupes sentirent que leur conception des valeurs était toute différente de celle des nouveaux venus. Ils reconnurent que le désintéressement, la volonté de servir, le courage militaire, la fidélité à la parole donnée, la loyauté, étaient les qualités qu'ils mettaient audessus de toutes les autres et que ces qualités avaient peu d'emploi dans le monde qui s'organisait sous leurs yeux. Mais en même temps cette exploration qu'ils faisaient d'eux-mêmes en s'opposant aux nouveaux venus, leur révéla qu'ils étaient en outre attachés à une forme de vie patriarcale, à un commandement naturel qui s'exerce dans la famille d'abord, puis de la famille à la province, et toujours dans un cadre fixé par la nature des choses, à un protectorat de l'élite sur le peuple, enfin à une politique naturelle qui devait être la projection dans la structure de l'État des qualités sur lesquelles ils souhaitaient fonder leur vie.

L'affaire Dreyfus fit ressortir vigoureusement cette opposition. Ni la xénophobie ni l'indiscrétion et la maladresse de la communauté juive ne suffisent à expliquer la violence des passions. En réalité, l'opinion reconnut la puissance de la civilisation mercantile et l'étendue de son implantation. Les Juifs servirent de bouc émissaire. Leur pouvoir et leur insolence illustraient surtout la disparition des castes. On leur reprochait d'être devenus ce qu'ils étaient dans l'État, bien qu'ils fussent Juifs. Les nationalistes s'indignèrent de cette infiltration d'étrangers. Ils y virent un danger pour la sécurité nationale. Ils dénoncèrent l'armée invisible qui campait sur le territoire. Cette analyse était juste, mais incomplète. Ce que les Juifs avaient le malheur de représenter, c'était le résultat de la civilisation industrielle brusquement dévoilé. Et c'est pourquoi la conclusion de l'affaire Dreyfus fut la fondation de l'Action Française, église qui prêchait une Réforme totale. On avait découvert tout d'un coup la morale sur laquelle débouchait la démocratie. Le marchand, être cauteleux, servile, que toutes les grandes civilisations avaient tenu à l'écart, était devenu le brahmane de la nôtre. On baisait sa robe, on lui offrait la fille. On l'admirait et on le montrait aux petits garçons comme le héros qu'il fallait être. Au-dessus de lui, il n'y avait rien, mais les prêtres et les capitaines balayaient le sol devant ses pas. Samuel Bernard ne se promenait plus aux côtés du roi, il était le roi.

Voilà ce que découvrait le rideau brusquement tiré. Les mots étaient un brouillard derrière lequel cet ordre nouveau apparaissait. La démocratie ne faisait rien d'autre que de donner à l'argent la possibilité de gouverner et la liberté d'exploiter : les esclaves de Pharaon partaient chaque matin pour les mines, sans que personne fût capable de s'opposer aux fouets des scribes et à la spoliation. Et à tous ceux qui regardaient dans leur cœur et qui n'y trouvaient pas la cupidité, on expliquait qu'ils n'étaient plus que les serviteurs des nouveaux princes et que leur sang généreux servirait à gagner pour ceux-ci des richesses contre lesquelles rien ne prévaudrait.

Tel était le sens moral, le sens profond, de l'antidreyfusisme et il était si peu un sentiment de classe que l'opinion populaire fut aussi divisée que celle de la bourgeoisie. Tout le monde sentait confusément que ce n'était pas seulement le « Juif » qui était en cause, mais une image qu'on se faisait de l'homme et du mérite. Est-ce que la prospérité est le but suprême pour les hommes et pour les nations ? Est-ce que la gloire suprême est de beaucoup produire, d'étaler à l'infini des champs de machines à écrire ou des légions de moissonneuses-lieuses et de remercier Jahvé d'avoir permis que le nom de la firme fût imprimé sur leurs flancs par des régiments d'esclaves ? Est-ce que les lois ne sont plus rien d'autre que les règles qui protègent les éventaires et qui assurent le remboursement de l'usurier ? Est-ce que nous serons tous condamnés à marcher en file pour porter les marchandises du riche ou chassés de notre maison si nous ne pouvons pas payer le tribut de César ? Ou bien, est-ce que nous sommes encore les maîtres dans notre maison, distribuant les tâches et comptant les setiers, maîtres de nous-mêmes et de nos serviteurs, et non pas scribes ou porteurs dans le troupeau qui piétine sur les dalles des entrepôts ?

Ainsi se constituaient deux camps, ou plutôt deux manières de réagir à l'égard du monde moderne. Le plus grand nombre saluait l'abondance, la prospérité, les belles usines qui fabriquaient tant de belles choses, les grands magasins qui les distribuaient, ils béaient devant les rois de l'acier et du pétrole, ils rêvaient de prendre place parmi les promoteurs de ce monde bienfaisant : destin que la démocratie leur promettait pourvu qu'ils fussent bien sages et bien obéissants. Les jeunes filles à la fin des romans, épousaient des « ingénieurs » qui avaient été de méritants « boursiers », dont les parents toutefois étaient « présentables ». Et l'on n'imaginait pas qu'on pût concevoir une mécanique plus belle que ce gigantesque tamis humain au sortir duquel chacun était *matériellement* récompensé. Ceux que le tamis humain reléguait avec les épluchures grognaient dans leur coin. Ils se consolaient en rêvant au temps où il n'y aurait plus de tamis du tout, plus de promotion d'aucune sorte, où la production s'épandrait chaque matin comme la rosée et où *tout le monde* serait *matériellement* satisfait. Mais les autres s'inquiétaient de ce vent tiède qui courbait tous les blés dans le même sens. Ce monde uniforme leur paraissait contenir quelque vague menace. Ils regrettaient les chênes que le vent n'incline point. Le premier de la classe leur paraissait fade. Ils traînaient dans leur mémoire le souvenir de Duguesclin qui ne rêvait que plaies et bosses et celui de Bayard qui n'avait jamais eu le prix de calcul. La plante humaine qu'ils aimaient avait une sève forte et un peu sauvage. Ils pensaient à quelque solide camarade de combat qui n'avait pas de place dans les manuels d'instruction civique. On leur montrait le président Loubet et c'était le lieutenant Garnier qu'ils auraient voulu chérir. Finalement, ils avaient acclamé un général qui portait une barbe blonde et des plumes à son chapeau, ersatz nettement insuffisant.

La politique avec son bruit de grosse caisse, empêche souvent d'entendre une époque. Le nationalisme polarisa ce mécontentement instinctif de toute une partie de la nation. L'Action Française inventa une conspiration. La défense de l'homme étant peu rentable en politique, elle inventa un fer de lance qui était le danger allemand. Et elle ne s'occupa bientôt plus que de son fer de lance.

A la vérité, quand ils défendaient les qualités qui font une nation, c'était bien l'homme que les nationalistes défendaient. Quand Maurras parlait de *l'Antifrance,* cela voulait dire aussi *l'Anticulture.* Et son réquisitoire courageux et obstiné dénonçait tout à la fois les maux du monde moderne et ceux qui altéraient l'énergie française. Mais le présent hypnotisait. Les nationalistes ne reconnurent pas la voix qui parlait en eux. Ils ne surent pas s'adresser à tous les hommes. À tous ceux que la mine basse des temps dégoûtait. Nietzsche secouait tout seul dans son coin les barreaux de sa cage et il jetait l'anathème en désignant d'autres cieux. Ils ne reconnurent pas Nietzsche, ils l'appelèrent un Barbare. Quand ils rêvaient à d'autres rives, c'était l'olive et le miel des pâtres de Virgile après lesquels ils soupiraient. Le cimier de Goetz de Berlichingen les faisait penser aux casques à pointe et non à la loyauté des barons. En attaquant le *militarisme* prussien, comment Maurras ne voyait-il pas qu'il brûlait sa poudre pour ceux qui répétaient *cedant arma togae* ? Si le « hobereau » monoclé était détestable chez les « hussards de la mort », pourquoi fallait-il l'admirer sous l'uniforme du général Lyautey ?

Or, les voix qui parlent pour elles-mêmes ne rencontrent que leur propre écho. Tandis que la pensée grégaire s'étendait partout comme une mauvaise herbe, et promettait à tous les hommes son bonheur de fer blanc, la pensée instinctive se cloisonnait dans ses patries étroites. Elle n'inventait que des abris individuels. Elle n'exprimait que le désespoir des patriotes devant les mécanismes de dégradation de la nation et non la colère de tous les hommes devant l'image dégradée de l'homme qu'on leur proposait.

*

* *

Il faut avouer que la guerre de 1914 fut une géniale diversion. Déjà les aventures coloniales avaient employé très suffisamment un certain contingent d'énergie suspecte. Les amateurs d'énergie virile et de promotion au choix se firent donc massacrer pendant quatre ans en l'honneur de la liberté du commerce et des peuples d'Autriche-Hongrie. Jamais les hiérarchies naturelles n'avaient été si bien exaltées. On distribua beaucoup de croix d'honneur et un nombre égal de croix de fer. La politique naturelle elle-même triompha et on put voir s'établir une Monarchie de la guerre : au profit de politiciens qu'on avait présentés comme de notoires fripouilles et des individus tarés. Jamais dans l'histoire on n'avait vu autant de braves gens se faire tuer pour ce qu'ils dénonçaient comme le plus grand des maux. Et, en effet, les survivants purent contempler leur triomphe.

Les conscrits de Dreux étaient partis en chantant :

Jamais les Prussiens y z'auront
Les gars de la Mayenne,
Jamais les Prussiens y z'auront
Les gars du canton.

Or, cette guerre que les conscrits de Dreux croyaient avoir faite pour défendre leur canton et leur droit d'être maîtres chez eux, elle avait servi à proclamer un messianisme auquel les « gars de la Mayenne » étaient parfaitement étrangers et qui signifiait même tout le contraire de leur chanson. Les Quatorze Points du Président Wilson invitaient les « gars de la Mayenne » à s'occuper de tout autre chose que des affaires du canton. On leur apprenait qu'ils avaient combattu pour le Droit et la Civilisation. Traduit en langage de la Mayenne, cela voulait dire que les hommes seraient désormais tous égaux, tous frères, que personne ne serait *au-dessus* des autres, que toutes les nations seraient comme un seul bourg géré par une sorte de conseil municipal, où tout le monde serait chez soi. On ne voyait pas d'inconvénients à cela dans la Mayenne, mais qui serait conseiller municipal ? Dans ces nations laminées, toutes pareilles, parmi ces hommes tous *semblables,* où il n'y aurait aucune différence entre les gars de la Mayenne et les gars de Cracovie qui viendraient s'établir à Laval, entre les gars de la Mayenne et les nègres du Bronx qui ouvriraient boutique à Dreux, qui commanderait ? Qui commanderait, sinon les riches, les malins, ceux du Bronx, ceux de Cracovie, tout aussi bien que ceux de la Mayenne puisqu'ils étaient *tous semblables* ? Ce n'était pas absolument pour cela que les gars de la Mayenne étaient allés à la gare de Dreux le 2 août 1914. Qui donc avait servi le président Wilson ? Quel rêve sa paix chimérique représentait-elle ? Au profit de qui les nationalistes avaient-ils accepté la *Monarchie* de la guerre et le sacrifice des meilleurs d'entre eux ?

Les hommes *tous semblables,* voilà le projet qui se cachait derrière tant de phrases creuses. *Nos semblables* : le mot rôdait depuis vingt ans autour des préaux d'écoles, autour des colonnes de *l'Émancipateur,* journal « avancé » que mon père n'aimait pas, la pièce fausse qu'on essayait de refiler depuis vingt ans à Gustave Vinadelle. *Nos semblables,* c'était l'empaquetage, le conditionnement en série, les unités interchangeables d'un bout à l'autre de l'univers, fournissant le même travail à la chaîne consommant les mêmes produits, six cents millions de boulons portant la même tête, et au sommet de cette société anonyme des hommes, un conseil d'administration. Au bout de *nos semblables,* il y avait déjà le *fonctionnel.* C'était le rêve de la société industrielle réalisé.

Et qui commanderait ? Qui, sinon les plus « avancés », les plus pénétrés de cette *interchangeabilité* infinie des hommes, les plus *représentatifs* de cette conquête ? Et comment désignerait-on ceux qui commanderaient, sinon en faisant connaître aux « gars de la Mayenne » par les journaux, par la propagande, c'est-à-dire finalement par l'argent, ceux qui allaient être désormais dignes de leur confiance, parce qu'ils incarnaient cette marche en avant vers le laminoir sous la direction de prophètes en veston ? Gustave Vinadelle n'en avait plus pour longtemps à être maire de Dun-sur-Auron. Il était revenu de la guerre avec un ruban rouge et trois galons de capitaine. Mais il avait perdu la guerre, Gustave Vinadelle. Car il incarnait mal *nos semblables* qui ne sont pas tous capitaines et décorés, et qui ne sont même pas tous berrichons. Et on le lui fit bien voir. Trois ans plus tard, un de *nos semblables*, qui s'appelait Robert Lazurick, était candidat à la mairie de Saint-Amand-Montrond. C'était fini pour Gustave Vinadelle. Une *Aurore* se levait à sa place.

Ainsi, le résultat de la guerre de 1914 était *déjà* le déracinement des nations. Et la substitution de ceux qui représentaient l'anonymat du *genre humain* à ceux qui représentaient leurs compatriotes. Pourtant, Gustave Vinadelle aimait bien la Tchécoslovaquie. Il avait lui aussi des frères en idéal laïc. Mais le messianisme maçonnique avait été tourné sur sa gauche. Les Loges avaient cru à une puissante exportation de la Déclaration des droits de l'homme : dans tous les pays du monde, celle-ci allait remplacer le catéchisme. Les *pays alliés* de l'Europe centrale n'étaient-ils pas le gage de cette expansion ? La disparition de l'empire « très catholique » d'Autriche-Hongrie était un symbole. Mais un autre messianisme relayait cette victoire. L'apparition de la maçonnerie sur les champs de bataille de l'Europe n'était que l'apparition d'une avant-garde. On laissait ses hommes au gouvernail en attendant mieux. Et le mieux venait à grands pas, entraînant le mondialisme dans le sillage du progrès et l'arrogance de l'apatride à la suite des hommes d'État wilsoniens.

Parallèlement se faisait une autre transformation qui n'était pas plus bénéfique pour Gustave Vinadelle et pour les « gars de la Mayenne ». La conduite de la guerre mondiale avait appris aux hommes qu'une *grande puissance militaire* devait être *d'abord* une grande puissance industrielle. Dans un régime démocratique et libéral, une grande puissance industrielle ne pouvait être constituée que par le concert de secteurs industriels, qui appartenaient bien entendu à des groupes industriels et financiers, librement constitués, fonctionnant, croissant, s'enrichissant et annexant, sous la protection du Droit et pour le plus grand bien de la Civilisation. Et la force d'une nation dépendant de la puissance de ces groupes, de leur capacité de production, de leur prépondérance sur le marché international, il allait se constituer un pouvoir occulte, incontrôlable, d'essence économique, à côté des gouvernements légaux, si bien que le monde d'après-guerre risquait d'être, non plus un ensemble de nations ayant une *infrastructure* économique, mais une combinaison de *superstructures* économiques dirigeant la politique des nations. La guerre n'avait servi qu'à donner définitivement la primauté à l'économique. La force d'une nation ne reposait plus sur le courage et l'honnêteté de ses habitants, sur leur application au travail, sur leur sérieux, sur leurs qualités morales, elle s'exprimait en tonnes de charbon ou d'acier, en barils de pétrole, en kilowatts. Le Samouraï devenait un sergent de ville : son métier était de s'assurer que les camions circulaient librement. Et Gustave Vinadelle était un mince personnage au milieu de tout cela.

L'économique n'engendre pas de morale. C'est l'expérience qu'on tira des lendemains de la guerre. La crise morale de l'après-guerre peut passer pour un accident : elle prouve seulement l'usure extrême des freins. Mais la pénéplaine d'atonie morale qui lui succéda n'était pas moins inquiétante. On avait pris l'habitude de regarder la hiérarchie de l'argent comme la seule qui existât et même comme la seule qui fût possible. Il n'y avait donc plus qu'un but dans la vie, qui était de gagner le plus d'argent qu'on pouvait et le plus vite qu'on pouvait, par n'importe quel moyen. On avait renoncé à l'image un peu patriarcale des grands rassembleurs de fortune, qu'on avait réussi à imposer quelque temps, avant 1914. On ne croyait plus à Edison. On sentait derrière son fabuleux destin l'appui des banques. On ne croyait plus au boursier méritant, fils d'instituteur sorti premier de Polytechnique et devenu capitaine d'industrie. On était trop sûr de rencontrer dans sa carrière quelque heureux mariage ou quelque profitable servilité. Le *self-made man* de la fin du siècle faisait sourire. Félix Potin, les époux Cognac, étaient devenus de touchantes estampes du passé. Les grandes fortunes d'affaires n'étaient plus une aventure de l'énergie et du caractère. Elles se faisaient en achetant les députés et en soupant avec les ministres. Et il n'y avait rien d'autre que cela. On ne pouvait croire en personne, on ne pouvait se proposer personne comme modèle. Tout était frelaté. De temps en temps, on nous consolait comme des enfants avec quelque belle image, la cape rouge de Bournazel, la robe de bure du Père de Foucauld. Nos dieux étaient ceux qui mouraient en plein ciel. Nous adorions Guynemer. Et Lindbergh nous paraissait le dernier des hommes d'autrefois. Mais nous savions que c'étaient des leurres. Bournazel se faisait tuer pour qu'on agrandît les concessions de Mokta-El-Hadid, Lindbergh accomplissait un exploit fabuleux et cela servirait finalement à la TWA. Ces miroirs à alouettes nous rabattaient vers les filets des financiers. Nos vieux maîtres traçaient sans se lasser des signes dans le ciel, ils criaient dans la nuit pour cette nation à la dérive que les voleurs tiraient vers les marais du Styx. Nous nous indignions avec eux lorsqu'on évacuait Mayence. Nous nous indignions sans comprendre qu'on ne pille que les cadavres. Comment aurait-elle pu être vivante, cette France qui n'était plus que la Bourse de Paris ?

    Nous sentions confusément que le nationalisme ne suffisait plus. C'était *aussi* autre chose qui était en cause. Les zigzag, les dérapages, les brusques percées vers l'âpreté révolutionnaire de Drieu la Rochelle, d'Ernst von Salomon, de Brasillach, de Thierry Maulnier, n'étaient pas des caprices de poulains fougueux. Nous cherchions un air pur, une vallée inconnue qui pût nous conduire vers d'autres contrées. Tout ce qui, en nous, aspirait à la générosité, à la justice, à l'héroïsme, était sans emploi. Parfois, le communisme nous fascinait. Mais il menait à une caserne où des esclaves terrifiés chantaient. L'Amérique nous envoyait ses rêves. Son gigantisme nous rappelait que les hommes possèdent la baguette de Moïse, mais qu'ils ne savent s'en servir que pour construire d'inutiles palais. Nous nous sentions des étrangers non seulement dans notre patrie, mais dans notre siècle et dans la morale de notre temps. Les hymnes montaient autour de nous pour célébrer la grandeur de la science et les bénédictions du progrès. Le monde était doux comme un soir d'été pour ceux qui déposaient le harnais des hommes. Qu'elles étaient reposantes, nos neuves épaulettes ! Parés de nos robes de mandarins, nous entrerions dans l'immense et solennel cortège subalterne, nous marcherions du pas tranquille de la docilité. Notre pitance serait sagement réglée comme celle de tous les hommes par d'insensibles dévaluations, nos plaisirs seraient tarifés et exploités, notre pensée serait fabriquée, dosée, soigneusement empaquetée. Et il n'y aurait rien d'autre, absolument rien d'autre. Selon le nombre de nos boutons et la largeur de nos épaulettes, notre vie serait consacrée à l'Urbaine ou à la Shell ou à l'État, et nous serions ainsi de « bons serviteurs » et plus tard de « vieux serviteurs », on ne savait pas très bien de quoi. On pouvait même être des hommes si nous en avions vraiment envie. Personne ne nous empêchait de mourir pour l'État, pour la Shell et même pour l'Urbaine. Au besoin, on nous en fournirait l'occasion. Mais nous ne saurions toujours pas davantage au profit de qui et en vue de quoi.

Ce ne fut pas les oiseaux migrateurs de l'automne qui nous surprirent au milieu de nos incertitudes, mais les prophètes d'une religion inconnue. Le succès de Mussolini et les campagnes d'Adolf Hitler furent d'abord pour nous de tonifiants exemples de redressement national. On pouvait donc se débarrasser de cette démocratie paralysante qui était sur nous comme une malaria. Quand on savait leur parler, on trouvait des gens pour choisir l'efficacité, le civisme, l'autorité. Et nous regardions avec émerveillement cette médecine qui redonnait des jarrets aux nations, qui redressait et faisait hennir les juments flétries qu'on croyait destinées à l'équarrissage. Mais ces méthodes nouvelles n'étaient pas seulement pour nous une école de guerre de la politique. Les mots qu'on employait pour réveiller les peuples étaient ceux que nous attendions depuis longtemps pour délivrer les hommes. Enfin l'exorcisme cessait. La vieille fée qui s'était assise sur le coffre des mots avait été levée par des bras vigoureux. Et les mots retrouvés nous conduisaient vers un autre versant de l'histoire des hommes, ils nous montraient la terre que nous avions vue en rêve, la terre qui avait été éternellement avant nous le jardin des hommes.

On a cru que nous avions adoré la dictature. Elle n'était pour nous que la main du chirurgien. Nous n'aimions pas, à vrai dire, les bottes que nous entendions à la cantonade, et nous avions peu de goût pour les policiers. Mais, comment sortir de notre prison si nous refusions de défoncer la porte ? Au-delà commençait le pays où les hommes entendaient leurs pas sur la route. On nous parlait enfin de courage et de loyauté, d'honneur et de fidélité. Les marchands n'étaient plus que les lourds hoplites dont le monde moderne ne peut pas se passer. Ils obéissaient, ils craignaient pour leurs marchandises entassées dans les souks, comme il est naturel que le marchand craigne. La hiérarchie des vieux royaumes s'étendait au-dessus d'eux, les brahmanes, les guerriers, les laboureurs. C'était cet ordre qui nous plaisait. Nous aimions cette image de l'homme selon sa nature véritable, cet étagement des hommes selon leur espèce, pareille à la hiérarchie que la création assigne aux animaux. Cela nous paraissait l'ordre.

II nous semblait aussi que la justice et la morale étaient mieux respectées dans ces royaumes militaires que dans l'empire de l'argent. Nous aimions les promotions napoléoniennes qui confiaient des divisions de l'activité nationale à des colonels de trente ans. Les soldats de l'An II étaient devenus bâtisseurs d'empires : leurs victoires étaient des autoroutes, des usines, des ports. Ils inscrivaient sur leurs drapeaux leurs conquêtes sur un monde dont ils n'étaient pas les esclaves, mais qui leur appartenait. Les tonneliers devenus maréchaux forgeaient une vie nouvelle, c'étaient les charges de leurs batailles. Des garçons au torse nu les suivaient en chantant, la pelle sur l'épaule. Les princes des marchands ne débarquaient plus comme dans les comptoirs d'un nouvel empire, on ne déroulait pas de tapis rouges devant leurs pas : mais on les appelait aux tables des conseils et on écoutait leurs dires comme ceux d'estimables techniciens. La publicité, le jazz, les nègres, danses de Saint-Guy du monde moderne, avaient disparu. On retournait à la nature, à la santé, à la joie de vivre. La civilisation cessait de se gratter comme un singe. Avec les hiérarchies naturelles, les modes de vie naturels reparaissaient. La joie, les ovations de la jeunesse, son ardeur pour le travail et pour la vie, on les prenait pour les fureurs d'un délire nationaliste : on se trompait, c'était le soleil que saluaient les enfants des hommes, le soleil et la vie. Et ils reformaient avec allégresse la vieille phalange des hommes où chacun est heureux précisément parce qu'il occupe sa place, le cortège des castes, pilier de toutes les sagesses, où chacun est rangé selon le sang qu'il porte et selon sa fierté.

Cette grande image qui entraîna nos cœurs, on en a fait une affiche délavée, lacérée, barbouillée d'inscriptions et d'ordures. C'était de bonne guerre, assurément. Quand un peuple est vaincu, on détruit ses temples, on abat et on souille les statues de ses dieux. Beaucoup de juges objectifs se sont laissé entraîner aussi. Ils ont demandé compte à cette idée de l'homme des excès auxquels on leur avait fait croire qu'elle avait abouti. Mais les mensonges n'ont qu'un temps. Les juges prévaricateurs passent, la mousse et les lianes couvrent les graffiti. Et maintenant, il ne reste plus que la forme d'un temple dans une forêt : et les enfants de vingt ans qui la découvrent, ils admirent ces piliers immenses que d'autres peuples que les nôtres paraissent avoir bâtis. Et ils nous envient d'avoir connu ces grands espoirs.

C'était ce printemps des hommes, en effet, que nous avions aimé. Les enseignes sous lesquelles ces régimes se présentaient, n'avaient pas autant d'importance qu'on l'a cru. La nostalgie romaine de Mussolini, les Aryens blonds détenteurs exclusifs du courage et de la loyauté, tout cela n'était guère pour nous que de la couleur locale. C'était le soleil qui nous attirait. En vérité, nous avions à choisir entre deux mondes. La répulsion que nous inspira le Front Populaire nous le confirma. Ce mélange d'anarchie, de haine et d'humanitarisme, était précisément ce que nous refusions de toutes nos forces. Tout ce qui paraissait un signe d'aristocratie était détesté. Nous comprîmes alors que nous étions essentiellement convaincus de l'inégalité entre les hommes.

Ce que nous éprouvions n'était pas de la révolte, c'était plutôt une sorte de dégoût. Un sang pourri semblait injecté à nos nations malades. Nous avions l'impression qu'une humanité inférieure s'était arrogé le pouvoir parmi les hommes. Je vois maintenant que ce n'était pas les idées du Front Populaire que nous refusions, mais son cœur. Nous détestions cette intrusion dans nos âmes par mille canaux qui diffusaient une nourriture abjecte. Les livres, les journaux, l'art, la vie de chaque jour, étaient atteints par une espèce d'hystérie. Chacun vendait son orviétan dans cette foire pourvu qu'il répondît à quelque forme de pleurnicherie ou de bassesse. Les uns vendaient le ventre, d'autres le sexe, d'autres l'inconscient, ou encore les filles-mères, les prostituées, les détraqués de toutes sortes. Dans cette cour des miracles, la santé, la gaieté, la force, devenaient des attributs suspects. Il fallait être un nègre aviné ululant dans sa trompette triste, ou encore quelque Juif névrosé, hargneux et incompris. Dans un vacarme de fête foraine, et au milieu des flonflons patriotiques, on nous ingurgitait de force la bouillie intellectuelle préparée pour le siècle, celle qui devait aligner toutes les pensées sur la pensée-type d'un agent-motocycliste ou d'une femme de ménage. Le monde mercantile nous habillait de force de ses guenilles. Insensiblement, les hommes s'engourdissaient sous l'effet de ce poison répandu en musique, ils devenaient ce qu'on leur disait d'être. Nous avions l'impression de vivre dans un pays occupé, non pas même par une race étrangère, mais par une espèce d'homme qui nous était étrangère. La patrie des hommes nous semblait ailleurs que dans notre pays.

L'après-guerre des nationalistes commença par une erreur puérile. Ils se trompèrent de cent ans. Ils ne comprirent pas que la manipulation des consciences était devenue dans le monde moderne une technique aussi parfaite que celle de l'hydraulique ou de l'électricité. Ils crurent à quelque bonapartisme qui se nourrirait de légendes. Les légendes furent en effet déversées par wagons entiers sur toutes les radios et dans tous les journaux du monde. Mais ce n'était pas celles qu'ils attendaient. Ils jouèrent au demi-solde. On les attendait là. Chaque fois qu'ils se réunissaient pour parler du soleil d'Austerlitz, on les montrait du doigt en feignant de voir reparaître une des têtes de l'hydre. Les plus sages se replièrent vers des travaux de tapisserie. Les plus fous s'obstinèrent à avoir raison. Les historiens de l'avenir ne manqueront pas d'admirer leur manque d'imagination qui fut égal à leur courage. Ils avaient arrêté leur montre en 1945 comme on faisait jadis au chevet des morts. Cette veillée stérile dura vingt ans. Elle durerait encore si les événements n'étaient pas venus à leur secours.

Pendant que les nationalistes se livraient à leurs distractions folkloriques, les événements se chargeaient en effet de leur donner raison. La guerre froide montrait le caractère dérisoire du parti de la Conscience Universelle. Le rationalisme ne parvenait à fonder aucune vérité. Le monde était divisé en deux blocs qui s'insultaient au nom des mêmes idéaux et s'enfermaient dans deux hypocrisies. Ce constat de faillite montrait l'impuissance de la bonne volonté, la vanité de l'optimisme et le caractère éminemment précaire du *Droit* et des *Grands Principes* dont chaque camp tirait des conclusions opposées. Ce n'était là pourtant qu'une satisfaction toute intellectuelle. Car les hommes ne niaient pas l'écroulement des *Grands Principes,* mais ils n'en continuaient pas moins à les vénérer, comme des tabernacles respectables dont on ne peut pas croire qu'ils sont vides quand tant de chanoines chantent autour.

Mais la dépossession et l'éviction de l'homme blanc furent d'un autre pouvoir. Ce n'était pas là un ballet d'intellectuels. On perçut brusquement que ce n'était pas seulement l'Aryen blond qui avait été vaincu en 1945, mais l'homme blanc, la race blanche toute entière. Et l'on comprit aussi que l'homme blanc avait été vaincu doublement, d'une part parce qu'on niait sa suprématie et qu'on lui faisait perdre la face, d'autre part parce qu'on condamnait solennellement les qualités qu'il représentait et sur lesquelles il avait fondé son pouvoir. Cette défaite de l'homme blanc, défaite honteuse, retraite, démission sans combat, ouvrit les yeux. On vit les conséquences des *Grands Principes,* impuissants quand il s'agit de construire, tout-puissants quand il s'agit de ruiner. Et les hommes se mirent à rêver d'armées qui marcheraient quand on leur dirait de se battre, de généraux qui défendraient vraiment ce qu'on leur dirait de défendre, de ministres qui ne trahiraient pas, de chefs d'État dont la parole pourrait inspirer confiance. La loyauté et l'énergie devinrent des vertus appréciées. On se mit à regarder avec moins d'horreur les commandants d'unités qui étaient restés à leur poste et avec moins de respect les officiers d'état-major qui avaient trahi leurs camarades au combat.

Pendant que les événements favorisaient ainsi l'obscurantisme, des péripéties à la fois tristes et bouffonnes faisaient paraître moins étranges quelques unes des idées que les nationalistes avaient soutenues. On les avait traités de fous quand ils avaient demandé que le gouvernement gouvernât et qu'il eût une direction ferme. C'était là chimères et anachronismes. La France se rallia pourtant à un régime autoritaire. On avait souri avec pitié quand ils prétendaient que l'Europe avait une autre mission que de prendre place parmi les pays *alignés*. On applaudit pourtant une politique de pétarades qui se réclamait de l'indépendance européenne sans en rechercher les moyens. On réhabilita enfin le nationalisme à condition qu'il n'eût aucun contenu et, sous cette condition, tout le monde fut partisan de la grandeur de la nation.

L'étrange carcasse qu'on élevait ainsi vers le ciel utilisait bien les cartonnages du nationalisme, mais elle n'avait pas d'âme. C'était là une particularité bien curieuse. Elle faisait les gestes du nationalisme et, pour que la ressemblance fût parfaite, on l'avait même coiffée d'un képi. Mais les hommes qui se vantaient de nous conduire vers une autre destinée étaient tous marqués des tares dont ils prétendaient nous apprendre à nous affranchir. On trouvait dans leurs carrières l'indiscipline, la déloyauté, l'asservissement à l'étranger, la haine, le meurtre, le mépris de la justice, l'ignorance de toutes les formes de la générosité. Enfin, ils étaient tout le contraire de ce qu'il aurait fallu qu'ils fussent pour inspirer le respect. Cela ne suffisait pas. Ils avaient systématiquement persécuté la loyauté, le courage, le civisme, chaque fois qu'ils les avaient rencontrés et ils les avaient calomniés et salis. Ainsi, c'était ce qu'il y avait de plus opposé à la pensée nationale qui prétendait incarner la pensée nationale. Nous assistions chaque jour à la représentation d'un Guignol qui nous montrait notre caricature. Et le spectacle que notre pays donnait au monde était tout semblable à cet asile du docteur Plume où les fous s'étaient déguisés en médecins après avoir enfermé leurs infirmiers.

Néanmoins, pendant que les nationalistes se désolaient de leur impuissance, la roue de l'histoire tournait tout doucement pour eux. L'opinion s'habituait à regarder comme raisonnables et réalisables quelques unes des idées qu'ils avaient avancées. La démocratie parlementaire n'était plus la seule forme de gouvernement qu'on pût envisager : on trouvait même qu'elle était une formule dépassée. On regardait comme souhaitable que l'Europe ne restât pas éternellement dans le sillage de la politique américaine. Il ne manquait plus que de s'aviser qu'on devait fonder cet avenir sur des raisons plus solides que la mauvaise humeur et la vanité blessée. Et le nationalisme cessa d'être regardé comme une sorte de maladie mentale. Il était une option qu'on pouvait opposer à d'autres options.

Mais, en même temps, on comprenait aussi que ces objectifs n'étaient rien s'ils n'étaient pas la conséquence d'un certain choix fondamental. Les mots ne sont rien quand ils ne sont pas la moisson d'une semence. Les belles choses appelées *solutions* ne sont que des tours de gobelets si elles ne reposent pas sur une politique. Quand le lieutenant Pétard défilait à la tête de la compagnie de pompiers de Dun-sur-Auron, il ne faisait croire à personne qu'il commandait un régiment de cuirassiers. Or, c'est une telle illusion que notre politique cultive depuis dix ans dans ses défilés. Il serait souhaitable qu'un nationaliste ne fût pas seulement aujourd'hui un homme qui se spécialise dans l'illusionnisme ou dans le bricolage. Il faut en finir avec la petite mécanique. Les « options politiques » les plus importantes ne sont elles-mêmes qu'affaires de circonstances, car elles dépendent de facteurs transitoires. Mais savoir ce que nous sommes, l'être, n'est pas transitoire. C'est là ce qui demeure et c'est là ce qui commande.

Ce qu'on appelle la politique n'est qu'une dépendance, une conséquence de l'idée que nous nous faisons de ce qui est juste et de ce qui est sain. On nous a dit « politique d'abord ». C'est une priorité légitime, en effet, c'est une priorité nécessaire. Mais celui qui dit « politique d'abord » est pareil à celui qui dit « armée d'abord ». Finalement une armée, si moderne qu'elle soit, ne fait rien d'autre qu'incarner la *force* de la nation. Ainsi la politique. Si sage, si prudente qu'elle soit, elle n'est rien d'autre que la lecture d'elle même que fait une nation. Elle n'est bonne, elle n'est grande, que si ceux qui la font *sentent* d'abord ce qui est conforme à la nature et à la vie, s'ils le sentent profondément en eux-mêmes. Les grands conducteurs de peuples ont tous été des *pasteurs* au fond. Il y a quelque chose de vétérinaire en eux. Leur faculté la plus précieuse est leur faculté *d'incarner* leur peuple, c'est-à-dire le sentiment instinctif qu'ils portent en eux de ce qui est conforme à la nature, à la croissance et au développement harmonieux de la vie. Cette divination comporte aussi le sentiment de ce qui est possible et de ce qui ne l'est pas :

Napoléon, Hitler, Mussolini échouent par une méconnaissance des proportions, ils n'aperçoivent pas les limites du *possible*. Mais les vieux sages écoutent la voix de notre mère, la terre. Le sorcier doit avoir l'oreille juste. Il perçoit les forces bénéfiques, il les évoque, il les laisse agir : car il sait que leur accord assure la santé et, par surcroît, la puissance.

Soyons donc dans notre temps, ceux qui représentent la santé, ceux qui ne veulent pas perdre contact avec les proportions et la nature des choses. C'est là notre fonction, c'est notre poste de combat. Contre l'imposture, soyons les ambassadeurs de la vérité. Contre le machiavélisme, soyons les champions de la loyauté. Contre les fripouilles, soyons du côté des honnêtes gens. Contre la publicité, soyons les défenseurs de l'honnêteté. Contre le bourrage de crâne, proclamons les droits du bon sens. Soyons les partisans de la propreté. Refusons d'être les esclaves de Pharaon et revendiquons la liberté et la vie. Repoussons les marchands et préférons les hommes. Notre mission la plus profonde et la plus féconde est d'opposer une autre conception de l'homme à celle qui est issue des idéologies. La politique de l'opposition n'est rien d'autre que la déduction qu'on peut tirer pour chaque circonstance de cette conception différente des choses.

*

* *

Il y a vingt ans, au moment où j'exprimais sur le procès de Nuremberg quelques réflexions qui me semblent aujourd'hui assez banales et qui, pourtant, suscitèrent la colère officielle, j'avais l'impression que je jugeais les choses avec une autre mesure que mes contemporains, que je ne voyais pas la même image de l'univers, mais une image en quelque sorte négative, dans laquelle ce qu'ils appelaient le bien m'apparaissait comme le mal, et qui me montrait inversement des qualités dans ce qui paraissait horrible aux autres. Cette particularité me parut, tout d'abord, devoir être provisoire : j'étais spécialement allergique aux vérités qu'on voulait entonner de force à l'opinion, voilà tout. Les années passèrent et mon obstination ne diminua pas. Ma montre n'était pas arrêtée en 1945, elle marchait, mes réflexes fonctionnaient, j'avais des réactions aux événements. Mais toutes ces réactions étaient provoquées par un refus fondamental d'avaler la médecine que les vainqueurs proposaient. Mon entêtement n'était pas celui d'une mule. Les mots *avoir tort, avoir raison,* dont on s'était beaucoup servi entre 1945 et 1950, me paraissaient des expressions usées et de peu d'intérêt. C'était quelque chose de plus profond qu'*avoir tort* ou *raison* qui inspirait mes jugements.

Quelques-uns expliquaient cette anomalie par un « traumatisme ». Cette explication aurait été bonne si j'avais été seul à avoir ces réflexes singuliers ou si je ne les avais eus que sur des événements en relation avec ce traumatisme originel. Mais ce n'était pas cela. Mon horreur de la publicité, de la télévision, des drugstores et de la psychanalyse, ma tristesse devant les joies du week-end, mon dégoût devant la camelote fabriquée en série, mon éloignement pour la banlieue et mon aversion à l'égard des femmes conseillères municipales, assistantes sociales ou dermatologues, n'étaient pas suffisamment expliqués ainsi. Ce dernier point me parut suspect. Pour m'en éclaircir, je m'interrogeai sur mes dispositions à l'égard des femmes. Je les trouvai bonnes et j'appris même que les femmes avaient été énergiques, actives, courageuses, autoritaires, et que je n'en étais pas indigné.

Je reconnus que mon allergie à certaines formes du

monde moderne était très antérieure aux événements par lesquels quelques-uns croyaient que ma vie avait été définitivement marquée (conviction qu'il m'était arrivé d'abord de partager) et qu'elle s'étendait à des expressions de l'esprit contemporain que j'aurais pu considérer comme indifférentes ou secondaires. D'autre part, je n'étais pas seul dans ce cas. J'avais déjà remarqué que ma manière de penser coïncidait avec celle d'un certain nombre de mes contemporains et reflétait celle-ci assez exactement. Ces esprits si voisins du mien étaient en petit nombre : mais on les trouvait dans des générations très différentes, ce qui excluait toute définition historique. Ils éprouvaient les mêmes répulsions, ils étaient irrités par ce que les autres acceptaient sans difficulté et s'enthousiasmaient pour des choses qui laissaient les autres parfaitement froids, enfin leur lecture des événements et de la vie étaient comme la mienne, une lecture en négatif, mais ils n'en avaient pas conscience, ils ne liaient pas ces répulsions en apparence différentes et étrangères les unes aux autres. Des écrivains me firent comprendre que cette lecture des choses n'était ni aberrante ni exceptionnelle. Je découvris chez Balzac et chez Stendhal des sentiments qui étaient semblables aux miens. Je compris que ce qui m'attirait vers eux, c'était cette sympathie dans l'aversion et le refus. Ils avaient vu à ses débuts cette société bourgeoise et mercantile dont nous voyons, nous, l'épanouissement. Bien que leurs tempéraments fussent différents et leurs idées politiques opposées, ils l'avaient jugée tous les deux comme je la jugeais. Ils avaient, eux aussi, établi un diagnostic sur mille signes en apparence indifférents, qu'ils trouvaient ridicules ou affligeants comme signes secondaires de la médiocrité. La politique n'était donc pas à l'origine de mes dégoûts. Elle n'avait été qu'un verre grossissant qui m'avait permis de voir et de comprendre. Ce que je voyais et comprenais, ce que j'aimais ou détestais, ce qui me permettait de me décider presque instantanément, non seulement en présence d'une situation mais en présence d'un acte ou d'un mot, je sentais bien que ce n'était pas une politique, mais toute une conception de l'homme.

Je lis toute chose à travers une grille à laquelle je ne sais quel nom donner. Celui de nationalisme, dont je me sers par habitude, ne me satisfait guère. Nietzsche, dont les grands éclairs fous éclairent parfois les mêmes parages que ma lanterne, est-il ce qu'on appelle un nationaliste ? Les nations sont seulement un des cadres les plus efficaces qu'on puisse opposer à la dégradation qui transpire de notre siècle. Mais c'est cette dégradation même qui est l'ennemi. Et, parmi les hommes, ceux qui la cultivent et qui la tournent à leur profit. Ces singes qui montrent leurs lanternes magiques, ce sont aussi des marchands de poison. Le siècle se tord dans la colique que lui cause son bouillon industriel. Mais il se drogue aussi de ses utopies, de ses espoirs paresseux et médiocres, de ses jalousies envieuses, de sa lâcheté devant la vie. Le monde moderne a besoin d'une cure de désintoxication. Ceux qui la lui proposent servent assurément leur propre nation, puisqu'ils s'adressent d'abord à elle, mais ils vont aussi au secours de tous les hommes. Il n'y a rien de plus international aujourd'hui que cette protestation contre le monde moderne qu'on appelle si bizarrement « nationalisme ».

Jacques Maritain avait intitulé un de ses livres *L'Anti-Moderne*. Cette étiquette ne me convient pas davantage. Car le paysage du grand fleuve *Vendre-Vendre-Vendre* ne me paraît pas précisément « moderne », il me fait l'effet, au contraire, d'un décor vieillot. Ces techniciens sont fiers de leur réglage de l'économie. Ils négocient de beaux virages et dosent leur accélération ou leur ralentissement. L'autosatisfaction de ces fins conducteurs est si complète qu'ils ont oublié qu'ils n'ont inventé qu'un tableau de bord. Leur règle d'or du profit et de l'expansion leur a fait développer exclusivement les secteurs qui commandaient le profit et l'expansion. Et ils découvrent aujourd'hui avec effarement les « déserts » qu'ils ont créés, qui ne seraient pas des « déserts » s'ils avaient pensé aux hommes au lieu de penser au mouvement des capitaux. Leur machinerie a l'air nickelée, parfaite, silencieuse, mais en réalité elle dessèche et elle tue parce qu'elle est égoïste. Et par sa définition même, par son essence qui est d'être utilitaire et tentaculaire, par son manque de souplesse et de générosité, elle est la machine la moins adaptée pour résoudre les problèmes infiniment divers du monde moderne.

Son échec n'est pas moins complet avec les pays sous-développés et pour les mêmes raisons. Elle a exploité ces pays incultes sans leur donner aucune structure en échange de ce qu'elle leur prenait, elle leur a conféré ensuite par idéologie une indépendance ruineuse pour des pays sans équipement, et pour finir elle leur distribue des milliards en vertu d'un système, comme ces médecins des camps qui distribuaient indistinctement du Ganidan à tous les malades. Si le respect des hommes et des peuples les avait guidés, et non des phrases creuses ou des arrière-pensées cupides, ils auraient trouvé pour ces nations médiévales ou infantiles la médication qui permettait à chacune d'elles d'accéder progressivement et selon ses forces à l'état adulte. Le marasme et la misère des pays sous-développés a essentiellement pour origine nos idées fausses et notre mercantilisme, ils illustrent l'impuissance et la sclérose de ce monde *fonctionnel* dont nous sommes si puérilement fiers. Il n'y a pas d'acte d'accusation plus accablant contre l'économie moderne que la description de l'effroyable misère qu'elle tolère : il n'y a pas de résultat qui prouve plus clairement qu'elle n'est pas, comme on le croit, un mécanisme « moderne », mais en raison de son inspiration même, un système impuissant, usé et dépassé. Quant aux communistes, ils n'ont rien à envier, dans ce domaine, à nos technocrates, ils ont été aussi incapables qu'eux, et même, comme d'habitude, un peu plus. On trouvera bien étrange dans deux cents ans une civilisation qui s'occupe d'envoyer des cerfs-volants dans la lune et qui ne réussit pas à nourrir l'humanité.

Devant les résultats obtenus par cette mécanique aussi poussive qu'elle est prétentieuse, c'est peut-être une idée neuve que de demander qu'on traite les hommes autrement que des petits pois. Je me dis parfois que cette proposition est tellement simple et tellement évidente que beaucoup d'hommes devraient être de mon avis. Ce n'est pas ce que semble indiquer pourtant le petit nombre de mes lecteurs habituels. D'autres fois, je me demande si je ne suis pas comme un maraudeur tristement assis sur le toit d'un train et tournant le dos à la locomotive. Faut-il que je me convertisse au tiercé, à la « télé », que j'essaie de m'amuser dans les « boîtes de nuit » et que je pense toute la semaine au « gueuleton » que je ferai le dimanche à 110 kilomètres de Paris ? Ou que je rêve avec délices au bonheur qui sera celui de l'espèce humaine, quand les hommes ne travailleront plus que cinq heures par jour et consacreront le reste du temps à jouer au « babyfoot », à aller au cinéma ou à fréquenter les Maisons de la Culture inaugurées par André Malraux ? Je ne me sens guère capable de toutes ces belles choses. La dernière fois que j'y suis allé, on avait l'air de s'ennuyer à Dun-sur-Auron. Les gens ne passaient plus les soirées d'été sur des chaises devant leurs portes. Les enfants ne jouaient plus, comme je jouais jadis, avec le sable qui s'était accumulé dans les caniveaux. Les garçons et les filles ne se promenaient plus en bande à bicyclette. Et l'on sentait bien que le beffroi était inutile, puisque personne n'y monterait plus pour guetter sur la route qui poudroie les beaux-frères de Barbe-Bleue ! Anne, ma sœur Anne, qu'il était cruel, mais qu'il était doux, le temps de Barbe-Bleue ! Est-ce qu'il y a des formes du bonheur, est-ce qu'il y a des recettes de la vie qui sont perdues à jamais ?

CHAPITRE III

SPARTE

Réapprendre aux hommes le goût et le respect des qualités d'homme, ramener la vie et les âmes vers le cours naturel des choses, voilà les deux maximes qui devraient guider ceux qui pensent que l'homme peut encore mettre le mors au cheval emballé que nous appelons notre « civilisation ». Ce que j'appelle *Sparte*, c'est la patrie où les hommes sont considérés en raison de leurs qualités viriles qui sont mises au-dessus de toutes les autres. Ce que j'appelle les *Sudistes*, ce sont les hommes qui s'efforcent de vivre selon « la nature des choses » qu'ils ne prétendent corriger qu'en y ajoutant de la politesse et de la générosité.

En chacun de nous se trouve quelque aspiration qui nous entraîne tantôt vers *Sparte*, tantôt vers les *Sudistes*. La plupart du temps, ce sont les circonstances qui nous amènent à soutenir une conception *spartiate*, tout en regrettant qu'elle ne fasse pas plus de concessions aux *Sudistes*, ou, inversement, à nous rallier à quelque perspective *sudiste*, tout en souhaitant qu'elle garde quelque chose de *Sparte*. Ces intermittences expliquent peut-être les contradictions de ce qu'on appelle arbitrairement « la Droite » qui présente toutes les nuances de ces deux attitudes. Ces deux positions ne sont pourtant pas inconciliables. Elles coïncident ou se marient si facilement en chacun de nous parce qu'elles sont l'une et l'autre « naturelles », le respect des qualités d'homme étant aussi conforme à la « loi naturelle » que la conformation au « cours naturel des choses ». Mais l'une et l'autre de ces attitudes comportent des risques en échange de leurs avantages : *Sparte* risque d'être inhabitable, les *Sudistes* risquent de s'endormir, les *Spartiates* peuvent finir en gendarmes, le *Sudisme* peut déboucher sur l'égoïsme et l'insolence. Ce que nous avons à nous demander, c'est ce qu'on peut conserver de sudiste à Sparte ou ce qu'on doit garder de Sparte pour empêcher les Sudistes d'être uniquement des hommes du monde.

*

* *

Il ne faut pas se fier aveuglément aux livres d'images. *Sparte* n'est pas une ville où l'on n'entend que des bruits de bottes et où aucun passant ne sourit.

Le précepte du courage était clair et résolvait toutes les difficultés. Le courage donnait accès à l'aristocratie et l'on était exclu de l'aristocratie si l'on manquait de courage. La caste des guerriers gouvernait la cité, nulle autre voix n'avait le droit de se faire entendre. Cette caste portait seule le fardeau de la défense du pays et elle le portait toute sa vie. Mais, les autres, protégés par son service, ne se sentaient pas des étrangers. Car le courage était récompensé chez eux et s'ils avaient montré les qualités du soldat, ils partageaient les privilèges des soldats. Les *ilotes* eux-mêmes, s'ils s'étaient distingués par une action méritoire, avaient le droit de participer au combat. Ceux qui s'étaient battus auprès des célèbres phalanges n'étaient plus jamais des esclaves, ils devenaient des hommes libres et ils étaient honorés. On affirme aussi que des étrangers pouvaient recevoir le titre de Spartiate s'ils acceptaient de vivre selon la règle que les Spartiates s'étaient imposée. Et, inversement, les jeunes garçons de la caste guerrière qui montraient de la lâcheté au combat ou ne se soumettaient pas à la discipline de la Cité étaient dégradés et exclus de la vie publique.

L'éducation n'avait pas d'autre but que d'exalter le courage et l'énergie. Les garçons vivaient entre eux le plus tôt possible, dans des troupes analogues à celles des *balilas* de l'Italie fasciste ou des *Hitlerjugend*, dont ils faisaient partie dès l'âge de sept ans. A douze ans commençait leur dressage viril. Vie collective, cheveux coupés courts, lit de jonc qu'on avait dressé soi-même, pieds nus pour marcher et courir, tuniques sans autre linge, corps nu aux exercices du stade. Ensuite, ils vivaient en soldats jusqu'à trente ans, présents chaque jour au *mess* où ils mangent, assis à de longues tables, leur fameux brouet, n'ayant point de vie privée, ne voyant leurs femmes qu'en secret. Mais cette communauté de jeunes hommes ne dure que jusqu'à trente ans. Ensuite le Spartiate vit chez lui, il passe sa vie d'homme chez lui, il grossit. Finalement il y a de vieux Spartiates, des Spartiates obèses, des Spartiates quinquagénaires qui se conduisent en « bons pères de famille » comme on dit dans les baux locatifs, et qui, depuis bien longtemps, ne cachent aucun renard sous leur tunique. Seulement ils ont une autre idée que nous sur la valeur des hommes.

Ce culte du courage et de la virilité, on le réprouve souvent en l'accusant de dureté et de sécheresse. C'est une interprétation de moralistes que la vie privée à Sparte ne confirme pas en tous points. Il y a sous la rudesse de Sparte une sorte de bonhomie allemande qui suggère que les choses ne sont pas si simples. Plutarque décrit Agésilas jouant au cheval avec ses enfants, comme on le rapporte aussi de notre bon roi Henri IV ; Antalcidas envoie sa famille se réfugier à Cythère parce qu'il craint une invasion ; l'assemblée des Spartiates pleure d'attendrissement en entendant réciter un chœur d'Électre et ils sortent à peine de leur guerre avec Athènes ; les Spartiates avaient aussi un goût inné et un sens assez vif de la musique, ce qui étonnait leurs contemporains. Quant à leur orgueil de caste, que faut-il en penser, quand on nous dit que les jeunes Spartiates avaient tous des *frères de lait* choisis parmi les ilotes et que ceux-ci recevaient la même éducation qu'eux, prenaient place auprès d'eux dans les repas collectifs, portaient les armes auprès d'eux dans les combats et partageaient leurs privilèges ? Quelle démocratie a accordé cette égalité *réelle* à des fils de métayers ? Les ilotes et les périèques vécurent deux cents ans sous le *joug* de Sparte et il n'y eut des mutineries que dans des circonstances tout à fait exceptionnelles et pour des causes étrangères au régime lui-même. Il est difficile de croire qu'ils vécurent pendant tout ce temps dans une humiliation continuelle et insupportable.

L'image que nous nous faisons de *Sparte* est donc souvent une image toute littéraire : nous réduisons *Sparte* arbitrairement à une expérience de « laboratoire ». Nous en faisons un État dans lequel l'énergie a régné seule et il n'existe pas d'État dans lequel l'énergie règne seule. Ce qui définit *Sparte*, ce n'est pas la caserne, comme on le croit trop souvent, mais le mépris des faux biens.

Sparte n'est pas seulement l'enfant avec le renard. L'énergie n'est qu'une conséquence, elle n'est qu'un signe de *Sparte*. Avant tout, *Sparte* est une certaine idée du monde et une certaine idée de l'homme. C'est pour cela qu'elle fait peur. *Sparte* croit que finalement, c'est l'épée qui décide. Qu'on ne peut échapper à son verdict. Que le nombre des vaisseaux et les marbres des portiques, que les palais et les soieries et les somptueuses litières, que le prestige et l'éclat ne sont que des girandoles, des marottes de cristal, des lampions qu'une tempête peut éteindre et briser tout à coup : qu'il faut être prêt pour cette tempête. Qu'on n'a point de liberté sans cela et que les cités qui oublient que la liberté se défend à chaque instant, qu'elle se gagne à chaque instant, sont déjà, sans le savoir, des cités esclaves. Le culte de l'énergie, du courage, de la force, ne sont que des conséquences de cette conception de la cité.

Cette conception attriste les sages du monde moderne, elle leur paraît un reste de barbarie et surtout un témoignage d'ignorance. Or, ce sont eux qui nous montrent, par la contre-épreuve qu'ils nous proposent, par le monde qu'ils nous proposent *à la place* de *Sparte,* quelle est la fonction des qualités *spartiates* dans une civilisation. *Sparte* ne présente qu'un garde-à-vous, le cou raide des nations indomptables : eux, nous donnent des images suggestives des nations enfin domptées. Ces sages du monde moderne lèvent les yeux au ciel et soupirent que cette notion primaire de la puissance est depuis longtemps dépassée. « La force d'une nation n'est plus dans le courage de ses soldats, disent-ils d'une voix pateline. Que feront vos héros contre la bombe atomique ? Nous n'avons rien à faire des légions de César. Une nation compte aujourd'hui par le volume de sa production industrielle, par son influence et ses positions économiques à l'étranger, par le prestige de sa culture et de ce qu'elle représente aux yeux des autres. Sa richesse, son travail, sa paix intérieure, son expérience politique, *sa position dans le monde,* en un mot, sont beaucoup plus importants pour sa grandeur et même pour sa sécurité que les divisions précaires qu'elle peut placer à ses frontières. Ne prenez donc les vertus militaires que pour ce qu'elles sont aujourd'hui : un facteur estimable, mais secondaire, dans un ensemble qui a besoin de beaucoup d'autres vertus.

Intégrez l'armée dans la nation, à sa place. Envoyez nos jeunes officiers à l'Université, déposez cet uniforme archaïque et surtout cet uniforme moral, cet habit de prêtre que vous appelez les vertus militaires. Que le soldat ne soit plus qu'un technicien dans une nation de techniciens, une sorte d'électricien ou de garagiste spécialisé, qui n'a pas plus besoin d'avoir une âme militaire que les capitaines au long cours n'ont besoin d'une âme maritime et les cheminots d'une âme ferroviaire ».

La peur des centurions égare un peu ces sages. Tout le monde pense, comme eux, que l'infanterie n'est plus la reine des batailles, et que la défense de la cité repose sur la cité tout entière. Mais cette constatation a donné lieu justement à deux solutions contradictoires. Les uns pensent qu'il n'y a plus besoin d'armée, mais de techniciens de la défense. Les autres pensent que l'armée a des responsabilités plus vastes et qu'elle ne peut assurer la sécurité de la nation qu'en intervenant dans les autres domaines de la vie nationale. « Devenez des civils comme tout le monde » disent les premiers. « Faites de tout le monde des soldats », répond *Sparte*.

L'idée qu'on se fait de la puissance est au centre de ce dialogue de sourds. La *position dans le monde* d'une nation n'a pas plus d'importance pour sa défense qu'un miroir à alouettes, déclare *Sparte* : cela fait partie de la verroterie moderne. On respecte les forts. Il n'y a pas de gendarmes internationaux pour eux. Le juge baisse la tête devant les tanks de Budapest. Soyez forts, apprenez à vous suffire à vous-mêmes et la *galerie* évitera de se mêler de vos affaires. Les idéologues répondent par des gémissements douloureux. Ils expliquent que nous ne sommes plus au temps de Louis XIV, que les nations ont déposé une part de leur souveraineté, qu'elles se sont engagées à se conformer à une morale, qu'elles ont accepté de se soumettre à des lois,

Et qu'il est aux enfers des chaudières bouillantes...,

enfin qu'on s'expose à de graves difficultés, économiques et même militaires, si l'on ne marche pas dans les clous. Qu'à la vérité, ces sanctions ne sauraient être appliquées aux deux ou trois grandes nations qui dominent le monde, qu'on le reconnaît, qu'on le déplore, mais qu'elles peuvent fort bien s'abattre comme des étrivières sur le dos de tout ce qui n'est pas une « grande nation ».

Confessons que ce *distinguo* fait mauvais effet. *Sparte* y voit le collier qui attache le chien. Même sans cela, le dialogue de *Sparte* et des idéologues serait sans issue. L'idéologue transplante la cité dans un monde moral d'où la force est bannie. Les cités souveraines, il les soumet à un juge, les cités, nécessairement militaires si elles sont souveraines, il en fait des États sans épée, des organismes civils qui vivent sous la protection des tribunaux et des gendarmes. Qui n'ont pas plus le droit *de se faire justice eux-mêmes* et par conséquent de se défendre eux-mêmes que n'en a un particulier. Pourquoi des armées finalement ? Ce sont les vestiges du passé qu'on rencontre inévitablement dans une période de transition, mais elles disparaîtront et ne seront plus bientôt, aussi tôt que possible, que des corps de gendarmerie, des bataillons assermentés au tribunal de l'Humanité, espèces d'huissiers casqués chargés de faire exécuter par la contrainte ce qu'il aura plu à l'Humanité d'ordonner. Alors l'idéologie régnera. Un Haut Tribunal, un respectable aréopage rendront la justice et diront la loi : avec les exceptions que nous avons dites, naturellement. Et les *Spartiates,* enfin, ils seront *contraints* d'obéir, ils seront réduits en esclavage, leur conscience même enfin sera aliénée, elle leur sera arrachée, elle sera démantelée comme une ville prise et habitée par d'autres idées, et leur courage, leur énergie, leurs vertus dont ils sont si fiers deviendront manifestement inutiles, ils feront la queue comme les autres, derrière le nègre, s'il vous plaît, ils iront au travail comme les autres le matin à huit heures, ils auront leurs quarante heures comme les autres et leurs trois semaines de congés payés, ils iront aux urnes comme les autres, fini les chevaux de luxe, tous pareils et tous rééduqués, tous courbant l'échine, enfin matés, enfin enchaînés, réduite la race altière, réduite au destin des autres races. Tel est le contraire de *Sparte*. Telle est l'image que l'idéologue se fait d'un monde fondé sur le Droit. La contrainte y est sournoise, insensible, fondée sur le sentiment du plus grand nombre et si certaines manières de penser disparaissent avec ceux qui y sont attachés c'est simplement parce qu'elles ne correspondent plus à l'évolution de l'humanité.

Sparte, au contraire, repose sur un univers moral différent et, en définitive, *sur une autre conception de la liberté*. La cité est un monde clos, défini, l'étranger est l'étranger. Le commerce n'est qu'un échange : il ne commande pas la grandeur. Si les exportations baissent, on achète moins à l'étranger, et on mange ce que *Sparte* produit, voilà tout. La production est utile si elle donne la force à la cité : priorité à l'industrie lourde. Les autres productions, celles qui n'apportent que du bien-être sont accessoires. Le bien-être est la prime du vainqueur. D'ailleurs, tout ce qui est économique est accessoire : c'est un train des équipages, des voitures-forges qui suivent l'armée. Même lorsqu'elles deviennent d'énormes complexes ouraliens, leur rôle est toujours d'accompagner et de fournir. Les cuves d'acier, les gigantesques laminoirs, les cyclotrons mystérieux comme des sanctuaires, n'ont pour objet que la puissance. Les forts trouvent toujours ensuite des marmitons pour mitonner le dîner. Or, précisément, parce que la notion même de puissance est devenue infiniment plus complexe dans le monde moderne qu'elle ne l'était dans le passé, la cité ne peut être préservée, c'est-à-dire *elle ne peut être libre de vivre selon ses* lois, que si un pouvoir fort coordonne et dirige ces divers éléments de la puissance.

La discussion entre *Sparte* et l'idéologue repose donc, en fait, sur deux définitions différentes de la liberté. L'idéologue comprend la liberté comme le rédacteur de la *Déclaration des Droits de l'Homme*. Elle est pour lui le droit *individuel* de faire tout ce qui ne nuit pas à autrui. La cité n'est finalement que l'addition de ces libertés individuelles, la vie de la cité n'est pas autre chose que la *résultante* des activités individuelles, et au-delà de la cité, il existe une résultante encore plus imposante qui est celle de toutes les opinions et de toutes les forces individuelles constituant *l'Humanité*. Et si cette liberté finit par être anarchique, si ces forces s'annulent et se combinent en un conglomérat tournoyant, cela n'a pas d'importance, car ce qui compte seulement, c'est l'exercice de cette liberté individuelle, elle est le souverain bien, elle est le confort moderne, elle est la drogue dont on ne peut se passer, même au risque d'en mourir.

On en meurt en effet. La liberté ronge la cité comme un poison, la dissout, la décompose et finalement elle détruit la liberté même. Alors, tout l'effort politique de l'idéologue consiste à masquer cette érosion de la liberté individuelle par le principe même de la liberté, c'est-à-dire à inventer les canalisations et les tubulures qui permettent à la machinerie libérale d'avoir encore une apparence de fonctionnement et en même temps ménager les soupapes et les trompe l'œil qui dissimulent la consomption et l'épuisement de la liberté individuelle dans les pays où l'idéologie de la liberté a triomphé.

Sparte a une autre définition de la liberté. A *Sparte,* le mot de liberté a un sens *collectif* : c'est le droit de choisir soi-même sa loi. C'est donc la cité qui est libre, cela seul importe : l'individu renonce volontairement à une part de sa liberté individuelle pour assurer la sécurité et l'avenir de sa liberté. La puissance de l'État est la seule garantie de l'individu d'être libre et surtout d'être lui-même. Être soi-même, vivre selon son propre instinct et sa propre voie, c'est tout aussi important que d'être libre : et peut-être, au fond, *être libre*, ce n'est pas autre chose que cela.

La liberté que nous propose l'idéologie n'est pas elle-même sans restrictions et la vie que nous offre *Sparte* n'est pas non plus dépourvue de liberté. Il arrive que l'idéologie, par fureur de défendre la liberté, supprime les droits les plus élémentaires et, inversement, *Sparte* est parfois bonne fille. Mais ce n'est pas de la même espèce de liberté qu'il s'agit. Quand l'idéologie restreint les libertés, elle ne devient pas *Sparte* : et *Sparte*, dans la kermesse de ses banquets, ne ressemble pas non plus à la cité des idéologues. Quand *Sparte* et la cité des idéologues font manœuvrer en sens inverse la pompe qui admet ou qui refoule la liberté, elles ne finissent pas par se ressembler, parce que ce n'est pas le même fluide qu'elles font varier, ce n'est pas le même homme sur lequel on agit. L'homme libre des idéologues est un être abstrait, sa liberté n'est pas autre chose qu'une kyrielle de droits : il avance vers la mort, muni de toutes les autorisations qu'on puisse avoir, et pourtant il est triste parce qu'il a l'impression qu'il n'a pas vécu. Et l'homme de *Sparte*, même s'il a eu beaucoup moins de droits, il a eu l'impression que sa vie était utile, que sa vie brève et unique ne lui a pas été dérobée mais qu'elle prolonge un élan qu'il sent en lui et qu'elle tend obscurément à quelque avenir qui lui donne un sens.

Là encore, c'est la contre-épreuve de *Sparte* qui nous instruit. L'inanité de la liberté que distribue le libéralisme et l'imposture à laquelle elle aboutit, nous enseignent le prix et surtout la signification de cette conception différente de la liberté, la liberté de la cité. Les penseurs du monde moderne s'aperçoivent aujourd'hui que nos vies sont des noix creuses. Le désespoir de Sartre et de Bernard Buffet traduit cette détresse de l'Occident. Mais qui a le courage de dire pourquoi ? Personne. Le regretté Merleau-Ponty a « pensé » pendant vingt ans pour entourer d'un nuage de fumée cette vérité première : la liberté est le miroir à alouettes dont les riches et les fripouilles se servent pour rabattre leur gibier. Il est vrai qu'il était au Collège de France, payé pour ne rien voir ou, du moins, pour ne rien dire. Je ne croirai à un régime que lorsqu'il dira à quelques barons de finances, en refermant sur eux les portes de la Santé : « Vous avez des milliards, ce n'est pas naturel : vos milliards expliquent les noix creuses dont se nourrissent les autres. » Le dogme de la liberté a créé des États dans l'État. Ces domaines privilégiés ne seront détruits qu'avec la conception aberrante de la liberté qui entretient leur puissance. *Sparte* est *l'arbitraire*. Car rien ne doit prévaloir contre l'intérêt de la cité. Les riches, quels qu'ils soient, lorsqu'ils sont trop riches, sont les ennemis de la nation. Les fripouilles aussi, car ils sont comme le petit poisson appelé *rémora* qui sert de rabatteur au requin.

C'est le sens symbolique du *brouet*. Personnellement, je ne tiens pas à cette soupe concentrationnaire et je ne pense pas qu'elle puisse être un programme pour personne, excepté pour Mao-Tsé-Toung qui ne peut pas nourrir ses Chinois autrement. Mais le brouet illustre, en réalité, la haine des riches. Il n'y a pas de riches à *Sparte*. Car le soldat est le contraire du riche : le soldat, selon *Sparte*, est un moine militaire. Devenu baron de l'Empire, il cesse d'être soldat : il a quelque chose à conserver, donc il trahit. Le vrai soldat est pauvre et se bat pour une idée. Si Léonidas avait eu un majorat, il aurait envoyé un parlementaire.

*

* *

Il y a donc un contenu politique instinctif dans *Sparte* qui est lié à la hiérarchie qu'on proclame. Il y a un *socialisme* de *Sparte*, que *Sparte* affirme en dressant ses faisceaux. Mais la vertu *spartiate* est de l'ordre de l'attitude et le socialisme est de l'ordre de la *praxis*. Pendant qu'on se complaît dans l'attitude, pendant qu'on s'admire en *Spartiate*, il peut arriver qu'on oublie la *praxis*. Ainsi, *Sparte* peut se trouver en contradiction avec *Sparte* : quand le moine soldat qu'elle suscite découvre que, derrière lui, les faux biens croissent comme une ivraie.

Le *Spartiate* est tellement heureux de se battre, il est tellement occupé de son héroïsme qu'on peut même faire de cet héroïsme un leurre auquel il se laisse prendre. Il peut arriver qu'un peuple tout entier soit *provisoirement* invité à mettre les qualités militaires avant toutes les autres, mais que cette mobilisation de l'élite n'ait pas d'autre but que de faire triompher un ordre qui postule et impose la disparition future de toutes les élites et l'alignement de tous les hommes sur les plus médiocres et les plus bas d'entre eux.

Le héros ne sert, à ce moment là, qu'à faire régner le Commissaire : derrière lui s'avancent les aides du bourreau. Ainsi le *brouet* n'est pas tout, il n'est qu'un signe du mépris des faux biens. L'accord entre l'attitude que le *Spartiate* choisit et la cité que le *Spartiate* défend doit reposer sur la même vision de l'homme et sur la même hiérarchie : *Sparte* ne doit défendre que *Sparte*.

C'est ce qui ne se produit pas toujours. S'il est facile de déceler les situations extrêmes dans lesquelles l'héroïsme ne sert qu'à établir la dictature du balayeur ou celle du policier, il est plus délicat de démêler le dégradé subtil de toutes les escroqueries auxquelles le moine-soldat est exposé. C'est un véritable arc-en-ciel. Pendant que la phalange entonne le chant du combat, quelle pensée corrompt les cœurs, qui se glisse auprès des éphores dans la salle du scrutin ? Quels *à-peu-près*, même dans les régimes qu'on voit proclamer la hiérarchie de Sparte, à plus forte raison dans ceux qui ne la professent qu'avec le ferme dessein de l'oublier ! Cet accord entre la devise que le *Spartiate* inscrit sur son ceinturon et la cité pour laquelle il meurt, comme il est rare, comme il est précaire ! Est-ce que finalement nos drapeaux ne claquent qu'aux façades des gendarmeries ?

On se bat, c'est clair : en un sens, c'est même reposant. Comme on a la tête au frais sous le heaume ! Quelle paix profonde que celle du guerrier s'il veut bien ne penser qu'à lui ! La tragédie commence quand le soldat prétend sortir de la servitude à laquelle il s'est voué volontairement. Il regarde vers la cité dont il protège les tours et il ne la reconnaît plus. Et parfois, il lui arrive de se dire que la forme de cette ville importe peu. Lui, ne se répond que de son propre cœur. S'il a été le soldat qu'il s'était promis d'être, qu'il avait promis d'être, est-ce que ce n'est pas tout ce qu'il se doit ? Que les autres se débrouillent, ce n'est pas son métier de sarcler le chiendent.

Cette indifférence est le premier risque de *Sparte*. Car *Sparte* définit une hiérarchie et non une politique. En dehors de la référence subjective au héros, *Sparte* n'a pas de credo. De sa liberté, elle peut faire ce qu'elle veut. Aristote, qui n'aimait pas les *Spartiates* et qui s'indignait que l'horaire des belles lettres fût sacrifié dans leur enseignement, leur reprochait de ne pas avoir en vue « ce qui est juste et honorable ». Cette objection me paraît spécieuse, puisque justement les *Spartiates* aspiraient à une « exigence sur soi » qui va bien au-delà du juste et de l'honorable. Elle contient néanmoins une part de vérité : elle constate que les *Spartiates* ne se battent pas pour une morale objective, mais pour une morale subjective. Et c'est justement cette part de subjectivité qui alimente constamment leurs interrogations et leurs déceptions. Ils n'ont point de mesure pour jauger les cités, ils n'en ont que pour jauger les hommes. Et ils cèdent souvent à la tentation de l'indifférence, pourvu que les officiels se mettent au garde-à-vous quand les clairons sonnent « au champ ».

Nos soldats-moines oublient alors qu'ils portent l'étendard de la foi. Ou plutôt, ils ne savent pas, ils ne savent plus à quoi ils se sont engagés en portant l'étendard de la foi. Car il ne suffit pas que l'étendard flotte aux portes de la ville. Les *Spartiates* de tous les pays se contentent un peu trop de leur propre héroïsme.

Il arrive alors que les soldats se ressemblent tous, quel que soit leur drapeau, plus fidèles au fond à leur métier de soldat qu'à la guerre du Droit ou à la guerre du peuple. Il a fallu près de vingt ans à la plupart de nos contemporains pour découvrir qu'il y avait moins de distance d'un combattant de la Résistance à un combattant du fascisme que d'un combattant de la Résistance à un profiteur de la Résistance. Quelle paix entre eux quand les héros se reconnaissent et quel commun mépris pour l'arrière !

Les hommes se reconnaissent moins à leurs idées qu'à leur attitude devant la vie. Ceux qui servent une idée s'aperçoivent plus ou moins vite de la dégradation de leur idéal lorsqu'on l'applique aux faits. Ils se réfugient dans un *acte de foi* qui bien souvent ne s'exprime pas autrement que par la confiance en certains guides. Mais cet acte de foi donne un sens à leur vie. Le royaume du Christ qu'ils n'ont pu établir sur la terre, ils le trouvent en eux. C'est leur vie, telle qu'ils l'ont *vue* eux-mêmes, qui est leur justification. Ils ont obéi à leurs propres règles d'honneur : ils ont été présents à leur poste, fidèles à leurs camarades, loyaux à ceux dont ils ont accepté le commandement. Ils ont pris les coups sans broncher et ils ont gardé le mépris de ceux qui veulent trafiquer et le respect de ceux qui veulent servir. Cette conscience d'avoir agi *en hommes* est finalement plus importante pour eux que les imperfections de la cité qu'ils ont servie. Si les murs de la cité s'écroulent, que les docteurs montrent, s'ils veulent, qu'elle cachait des égouts et des prisons, comme toutes les cités des hommes, et que des hiboux ont niché dans ses murs. Qu'est-ce que cela change à leur sacrifice, qu'est-ce que cela change à leur vie ? Celui qui a été un héros pour une cause injuste, il a été quand même un héros. « Vous êtes celui que la foule voit en vous », crient à l'homme de *Sparte* les docteurs du marxisme. « Je suis celui que je vois en moi, répond le soldat, et je ne reconnais pas le peuple pour mon juge ».

L'amoralisme de *Sparte* va plus loin qu'on ne l'imagine : précisément parce qu'il repose sur des références qui sont propres à *Sparte* et qui entraînent un refus, ou du moins, un profond mépris des morales traditionnelles. Ceux qui se font un code de l'honneur n'admettent rien d'autre que ce code. La qualification juridique des actes compte peu pour eux, le jugement de ceux qui ne sont pas leurs pairs compte pour rien. De là ces transferts qui troublent les imbéciles et que leurs consciences évitent de remarquer. Il faut bien avouer finalement qu'il y a peu de différence entre un tueur et un héros. L'audace, le sang-froid, le goût de la bataille, qui produisent dans la vie civile ce qu'on appelle des *mauvais sujets* sont des qualités très appréciées lorsqu'il s'agit de découvrir des *défenseurs de la patrie*. Cette remarque alimente, à tort, un antimilitarisme à courte vue. Car ceux qui blâment ces propriétés du soldat, les exaltent chez le révolutionnaire.

C'est notre hypocrisie qu'il faut accuser. Nous sentons que l'énergie est indispensable, mais nous ne voulons la voir que dans notre boutique. Chez ceux d'en face, elle est rage de soudards. Nos lois confessent leur impudeur lorsqu'elles excusent les crimes commis « au profit de la résistance ». Nous ne croyons même pas aux crimes, nous ne croyons qu'à notre intérêt. *Sparte* est plus franche. Elle gifle cette Justice qu'on trouve toujours dans le lit du vainqueur. Elle ne reconnaît ni la Justice ni la Loi, idoles des faux-prêtres, mais seulement les qualités de l'homme et le respect d'un certain code. Le nom qu'on donne aux actes, pourquoi aurait-il de l'importance, puisque c'est la roulette du succès qui fait les crimes et les exploits ?

*

* *

Cette indifférence au contenu politique entraîne un autre risque, le *triomphalisme* après la victoire. Le *Spartiate* est tellement sûr que la vertu a triomphé avec lui que tout le reste est sans importance : c'est affaire de *pékins*. C'est ce que nous enseignent l'histoire de Rome et quelques autres.

Rome est *spartiate à* ses débuts par son énergie, ses qualités militaires, son âpreté, l'égalité de tous au combat. Elle a la force paysanne d'un canton suisse. Rien ne décourage ces soldats-laboureurs, fiers de leurs fêtes cantonales, de la propreté de leurs dégoûts et de leurs élections paroissiales. Cincinnatus ressemble à un vigneron du Valais. Et pour finir, à quoi aboutit Rome ? A une république des doges dont toute la sagesse consiste à obtenir de ses paysans-militaires qu'ils supportent le pouvoir de leurs « messieurs ». Ce gouvernement conservateur avait quelque chose de « vendéen » dans l'attachement des familles du peuple aux familles des « messieurs » qui fit sa durée et sa force. Mais l'égalité de *Sparte,* la fraternité du combat, l'ivresse du devoir et du sacrifice ? Fabricius était désintéressé et mangeait des carottes. Mais Poincaré aussi. Prendrons-nous Poincaré pour un héros de *Sparte ?* Regulus est mort au poteau de torture pour que des *gentlemen* comme Scipion (pour ne pas parler des *gentlemen* comme Verrès) gouvernent du fond de leurs palais des peuples que l'on invitait au cirque. Était-ce cela qu'avait voulu *Sparte ?*

De l'autre côté du monde, dans des terres où le nom de Sparte n'a jamais été entendu, les Aztèques nous donnent un exemple aussi instructif bien qu'il soit assez différent. Les jeunes Aztèques sont élevés comme à Lacédémone. Un garçon, dès sa naissance, est voué au dieu de la guerre. On apporte un bouclier et des flèches au moment de l'accouchement. La seule école qu'il connaisse a pour but de faire des guerriers. Et il rêve au jour où il ramènera pour la première fois un prisonnier ennemi : on coupe alors la mèche qui le désigne comme aspirant et il aura le droit de marcher parmi les hommes. S'il est heureux au combat, il deviendra ensuite chevalier, les honneurs de la cité lui seront accessibles, et s'il compte parmi les héros, il entrera dans un des deux ordres de l'empire, il sera *aigle* ou *jaguar* et il sera récompensé par les plus hautes charges de l'État. Ces espoirs sont permis à tous, aux fils des plus pauvres plébéiens, s'ils sont braves, comme aux héritiers des plus grandes familles, qui retombent, au contraire, s'ils déméritent, dans les rangs du peuple. La mort au combat n'est même pour les Aztèques qu'une sorte de couronnement de leur carrière administrative : un guerrier qui meurt à la bataille devient « compagnon de l'Aigle », situation très supérieure à tous les honneurs terrestres que peut décerner le souverain.

La primauté du soldat se retrouve partout chez les Aztèques comme à *Sparte*. Les marchands s'y enrichissent honteusement et en cachette. Leurs enfants ne peuvent se marier qu'entre eux : tandis que, dans le cortège du triomphe, le soldat marche à côté de l'Empereur, n'ayant que ses lauriers et sa charrue. Mais cet écho lointain de *Sparte* s'éraille à son tour, car les épaulettes apparaissent bientôt. Les chevaliers du *Jaguar* ou de *l'Aigle* reçoivent des majorats comme les maréchaux de l'Empire. Ils sont fils de tonneliers comme Ney, mais aussi princes de la Moskowa. La richesse n'est rien, mais le courage confère quand même, de surcroît, la richesse : et place en même temps une immense distance sociale entre le héros et le commun des hommes. À *Sparte*, tout est rigueur, on a la fierté d'appartenir à un *ordre*, c'est tout, à un ordre intransigeant qui exige, qui ne distribue pas. La mort même n'est pas camouflée de promesses, elle n'est pas assortie de primes, elle ne donne pas droit à des houris ni à une éternité de défilés en compagnie de *l'Aigle* très glorieux. Le *Spartiate* est seul en face de son devoir et de sa conscience. Pas de mausolée aux Thermopyles. Mais les Aztèques, les glorieux Aztèques, finissent comme sous l'Empire, par des revues et des maréchaux.

Sous cette forme, l'image de *Sparte* porte sur l'histoire de grandes ombres équestres. L'Islam est fondé tout entier sur cette récompense des braves. Et Napoléon, si profondément marqué par sa campagne d'Égypte, invente ces soldats de fortune qui sont des émirs d'Occident beaucoup plus que des princes. Bernal Diaz, compagnon de Cortez, nous montre les habitants d'un village du Mexique glacés de respect et de crainte à l'arrivée de trois envoyés de l'Empereur en inspection : dans ce village, soudain obséquieux et docile, on croit voir s'avancer trois généraux SS, graves, immobiles, tout puissants. Le danger apparaît tout de suite. Le pillage n'est pas loin ni le mépris du militaire pour le *pékin*, les degrés dépendent de la qualité de l'être auquel on délègue cette toute-puissance, mais ils ne dépendent plus que d'elle. Saladin est le modèle des chevaliers de son temps, on parle de lui comme nous parlons de Bayard, Desaix est une sorte d'archange de la cavalerie, Rommel le lion du désert : mais Masséna commande dans le secteur voisin, les sultans finissent par Ibrahim qui est fou, et Himmler est la contrepartie de Rommel. « Quels animaux ignobles, quels plats jean-foutre, s'écrie Stendhal *qui les admirait,* ont été ces héros des bulletins de Napoléon ». Et, dans les revers, la bassesse, la lâcheté morale, la trahison, les ralliements. L'État militaire qui n'est que cela est toujours menacé par la brutalité soldatesque, c'est le second risque qu'on court à Sparte quand l'esprit des moines-soldats ne commande plus la conduite de tous.

*

*   *

Il y en a un troisième qu'on ne peut pas ignorer non plus. Là, c'est la Révolution française qui nous donne un avertissement. La Montagne, c'est l'énergie dans le pouvoir, l'énergie et le désintéressement. *Sparte* est partout, dans les déclarations, dans le vocabulaire, dans les journaux. *Sparte* est même dans les lois et dans la conduite des principaux : dans la loi du maximum, dans la passion de l'Égalité, incarnée par Robespierre qui prend pension chez un ébéniste, par l'austère Saint-Just, par les généraux de vingt-cinq ans, par les soldats de l'an II. Mais ce feu d'artifice de logomachie *spartiate,* qu'est-ce qu'il recouvre, sinon le désordre et, bien pires que le désordre, les principes les plus contraires à la hiérarchie que *Sparte* proclame ? *Sparte* n'est plus qu'un manteau de pourpre qu'on jette sur le coffret de Pandore.

Je me suis souvent demandé ce qu'aurait été l'Europe d'Hitler. J'en vois les immenses avantages politiques et je reste convaincu que la défaite de l'Allemagne a été une des catastrophes de l'histoire européenne. Mais la vie que nous aurions eue ? Éliminer les puissances occultes, briser la servilité universelle devant l'or et la publicité, c'est un préalable important à toute santé nationale, mais ce n'est qu'un préalable. Si un autre pharaon succède au pharaon qu'on vient d'abattre, si la servilité au parti, au dogme, à la « ligne », remplace la servilité qu'on a refusée ? Sur le point de départ du racisme, tout est à construire. Mais sur le socialisme national lui-même, que d'équivoques sont à dissiper ! Le socialisme, pour qui, pour quoi ? C'est beaucoup de se dire qu'on ne travaille pas pour quelque maître insolent et insensible, mais le mur granitique des technocrates, la caserne monstrueuse de la Prospérité, est-ce que cela vaut mieux ? Quelle Amérique totalitaire, quelle Rhénanie à l'échelle européenne nous attendaient, quelles monstrueuses joies collectives, quelles croisières caporalisées ? La cathédrale de lumière, les forêts de drapeaux qui s'inclinent, les chants, les nuits du solstice, ce sont les fêtes des pionniers et des conquérants, elles grisent comme des veillées d'armes, elles sont le péan qu'on entonne en marchant au combat : que seraient-elles devenues plus tard, présidées par des préfets ? Il est plus difficile d'administrer une idée que de la mener à la victoire.

Le national-socialisme, nous ne l'avons connu que dans la lutte, portant ses torches à l'assaut, comme les vainqueurs de Troie. Mais cette face de l'ange exterminateur que nous avons vue se lever dans les reflets de l'incendie, quelle aurait-elle été après les chars du triomphe, changée en visage de juge et de procurateur ? Le courage, le désintéressement, la volonté de servir, qui nous garantit qu'ils n'auraient pas été remplacés par de sonores claquements de talons ? Tout régime autoritaire engendre un *stalinisme*. Il ne suffit pas d'être un « dur », il faut garder à l'esprit constamment les raisons pour lesquelles on l'est. Il faut les garder contre soi-même et contre le formalisme autoritaire que développe l'exercice de l'autorité. Et il ne faut pas oublier non plus qu'au-delà de toute doctrine, les Juges et les Rois d'un peuple ont le devoir humble et difficile d'essayer de faire que les hommes soient heureux.

Cette pensée naïve est fort indigne d'un doctrinaire. Mais j'y tiens. Est-il sûr que nous aurions été *heureux* si l'Allemagne d'Hitler avait triomphé ? Forts, nous l'aurions été, protégés, assurément mieux que nous ne le sommes, et aussi plus sains, débarrassés, au moins de quelques poisons irrespirables. *Heureux,* je ne sais pas. Et peut-être ce triomphe eût-il ressemblé à celui de Napoléon, que Stendhal regrettait si fort et sous le régime duquel il n'aurait pu supporter de vivre.

La paix du sacrifice et la paix de la règle, ce n'est pas avec cela qu'on gouverne. Moines guerriers, beaux fanatiques, comme il est lourd à soulever le monde dont vous portez l'image en vous ! Tous les camps ont leurs héros et tous les héros ont leur désespoir. Ils détournent la tête devant leur triomphe, car les idées ne s'incarnent pas parmi les hommes. C'est le plus lourd, c'est le plus grossier, c'est les semelles de plomb que portent toutes les idées qui laissent leur empreinte sur le sol : mais ce qu'elles avaient de beau, ce qu'elles avaient de généreux, cette transformation des âmes qu'on en attendait, cette greffe d'un cœur nouveau sur le vieux cœur égoïste et lâche des hommes cela, c'est toujours raté. On équipe, on équipe, on s'étourdit à fabriquer des casseroles et des frigidaires, on se grise d'industrie lourde, toujours les semelles de plomb de la facilité. Et les mornes plaines du pays sans espoir s'étendent toujours devant nous. Cet enthousiasme de pionnier fait illusion quelque temps. Les peuples connaissent alors cette joie pleine et profonde des enfants qui construisent un jouet. Mais après ?

Nous sommes ainsi avertis que *Sparte* n'est qu'une forme, une attitude devant la vie. Mais cette forme même, cette forme seule, a une grandeur, et tout le prix de *Sparte* est là. Ce que nous donne d'emblée la définition spartiate de l'homme, c'est le refus de toutes les formes de la médiocrité, y compris de celle qui accompagne inévitablement le succès, c'est l'affirmation, la seule qu'on puisse faire, de l'égalité parce que cette affirmation est fondée sur l'épreuve et reconnaît l'inégalité des hommes devant celle-ci ; c'est le mépris de la mort et de toutes les formes de l'intimidation et par là la véritable liberté. Et même si cet esprit de *Sparte* est difficile à maintenir dans les faits, si cette mystique, comme disait Péguy, risque toujours de se dégrader en politique, il reste cette image qu'on s'est faite de l'homme et qui est un guide. C'est cette image que *Sparte* enseigne et proclame. Et c'est pourquoi un trait essentiel de *Sparte,* une marque à laquelle on reconnaît *Sparte,* ce sont ces jeunes garçons parmi leurs pairs, faisant l'épreuve d'eux-mêmes et apprenant leur métier d'hommes. Là où il n'y a pas d'organisation vivante, spontanée, d'adhésion spontanée de la jeunesse, ne cherchez pas *Sparte*. L'épée royale a été volée dans la salle du trône par quelque porteur d'épaulettes. *Sparte* existe seulement là où une mystique existe.

Que ce bilan nous console donc des dangers dont *Sparte* porte le germe. C'est beaucoup qu'elle dresse devant nous une image de l'homme que nous puissions contempler sans dégoût. Cette image ambitieuse de l'homme, cet idéal toujours menacé, sachons qu'ils ne sont peut-être qu'une pensée en nous, mais une des plus honorables que l'homme puisse concevoir : sachons aussi qu'elle ne peut pas convenir à tous les hommes et encore qu'elle ne suffit pas à abattre toutes les difficultés, qu'elle ne contient pas non plus à elle seule une définition de l'homme qui puisse répondre à toutes les interrogations de l'homme moderne. Mais, cette image qu'on nous invite à condamner et à maudire, refusons de nous en séparer parce qu'elle contient quelque chose qui nous est essentiel.

Si le guerrier est seulement une incarnation, en revanche les valeurs qu'il représente ou qu'il est du moins censé représenter, le sentiment de l'honneur, la loyauté, le respect de la parole donnée, les contraintes de la servitude acceptée, ne sont pas des valeurs de circonstance comme elles le deviennent pendant les guerres, ni des valeurs qu'on puisse subordonner à d'autres par quelque prédominance absolue d'un système civil ou spirituel. Une humanité sans héroïsme n'est pas seulement une humanité mutilée, une terre sans sel, une espèce qui abdique. Il faut affirmer aussi qu'une nation privée du sentiment de l'honneur, destituée de toute loyauté, ignorant le prix du serment, étrangère à toutes les formes viriles de la grandeur, ne présente plus qu'une image falsifiée et abâtardie de l'homme, quelles que soient les vertus qu'elle inscrit sur sa soutane. *Sparte*, qui n'est qu'une forme dans l'action, vulnérable comme toutes les formes, est donc aussi l'ombre d'un dieu. Que des hommes n'imaginent pas leur vie autrement que sous cette ombre, c'est un sentiment qui n'a rien de bas et qui n'a rien non plus d'arrogant. Qu'on leur rappelle seulement et qu'ils gardent dans leur esprit que l'héroïsme doit être au service de tous les hommes, qu'il n'est que l'image la plus dépouillée, la plus sobre, d'une conception intransigeante de l'homme, mais qu'il doit faire une place à tous les autres hommes et principalement à ceux qui sont en grand nombre et qui ne sont pas des héros. Le héros est là pour être un modèle et non une loi. Comme le saint dans le christianisme. Et, de même que le christianisme n'exige pas de tous les chrétiens qu'ils soient des saints, ainsi eux

Spartiates ne doivent pas exiger de tous les hommes qu'ils soient comme eux : mais seulement maintenir vivante une idée de l'homme où le héros a sa juste place mais les autres hommes aussi.

C'est rendre service aux hommes, j'en suis convaincu, que de leur rappeler une telle image trop méconnue par notre temps. L'homme est autre chose que le triste insecte appelé « travailleur », semblable au fourmilier qui se demande si son groin a été suffisamment récompensé par les fourmis qu'il a avalées. Il y a d'autres sujets de méditation pour lui que la propriété des instruments de production et la circulation des marchandises. L'égalité qu'il cherche, il la porte en lui s'il veut la mesurer en ce qui compte et prime, s'il veut imposer la priorité de cela seulement qui compte et prime. L'épée coupe tous les liens : il n'y a pas de sac d'or qui l'emporte dans la balance où Brennus a jeté la sienne. Le vrai socialisme, c'est la loi du soldat. Combattre la puissance de l'argent, c'est remplacer la puissance de l'argent. Quand les qualités d'homme seront notre référence et notre guide, notre vie ne sera plus une botte de foin que n'importe quelle fourche peut lancer sur la meule. Chacun de nous répondra à lui-même de ce qu'il aura été. Ceux qui ne veulent pas vivre, nous ne pouvons pas les forcer à regarder le soleil en face. Mais les autres, qu'ils puissent se dire qu'ils ont été des hommes.

CHAPITRE IV

LES SUDISTES

Le nom de *Sparte* évoque un certain régime politique ; l'épithète de *sudiste* n'évoque rien de plus qu'une image : on voit une certaine manière de vivre. Cette référence même est vague. Quelle « manière de vivre » ? Les haciendas ou la Nouvelle-Orléans ? Et pourquoi précisément la Louisiane et la Nouvelle-Orléans ? Est-ce que les esclaves noirs sont indispensables et les promenades à cheval ou la cueillette du coton ? Et S'ils sont, non pas indispensables, mais seulement sympathiques, en harmonie avec une « certaine manière de vivre », quelle est la signification de cet environnement non nécessaire, mais agréable, qu'est-ce que nous apprend sur nous cet album de famille que nous feuilletons avec plaisir ? Et quelles autres photos dans quelque autre album voisin, quel oncle notaire, quel vieil homme orné des mêmes favoris que l'empereur François-Joseph, quelle partie de campagne sur les prés d'une métairie nous émeuvent et pourquoi ?

Ce ne sont que des questions, et voici la première réponse, qui répond à côté. Les *Sudistes,* c'est ce qui a été vaincu par les Yankees. On est *Sudiste,* d'abord parce qu'on n'est pas Yankee. Le décor, c'est peut-être seulement un habillage, on ne sait pas, nous aurons à nous le demander. Mais, d'abord, être *Sudiste,* c'est percevoir, c'est ressentir qu'une des plus grandes catastrophes des temps modernes fut la prise d'Atlanta.

    Cette phrase étrange ne me fait pas sourire. Je m'étonne toujours au contraire de la résonance qu'elle conserve en moi. La défaite de Sedan n'est pas autre chose pour moi qu'un événement de l'histoire, triste, mais comme un autre, incolore, historique ; la défaite de Waterloo, je ne parviens pas à me persuader qu'elle ait changé le destin du monde ; l'écroulement de l'Allemagne même m'apparaît comme une injustice, une mauvaise action de Dieu, mais, contre toute apparence et même contre tout bon sens, je ne le crois pas sans appel. Tandis que la prise d'Atlanta, c'est pour moi l'événement irréparable, l'aiguillage fatal de l'Histoire, c'est la victoire des Barbares. Le monde est en deuil depuis ce jour. Alaric s'emparant de Rome, les Turcs s'élançant au sac de Byzance me paraissent des signes seulement, un autre temps qui commence, non pas une nuit : des émirs descendent le Danube, des chefs aux cheveux longs se déguisent en consuls, c'est seulement une végétation étrange qui s'installe en Aquitaine et en Bourgogne, et ces fleurs monstrueuses ne me font pas peur, il se passe autre chose, voilà tout. Mais après les Yankees, il ne repousse rien. C'est fini, c'est le versant glacé de l'histoire des hommes qui l'emporte. L'énorme Amérique sera leur proie et aussi leur création. Et tous les hommes sentiront sur leur nuque le souffle froid de l'inhumain.

    Qu'on ne s'y méprenne pas. Je ne déteste pas l'Amérique. Car les Yankees ne représentent pas l'Amérique. C'était une guerre de religions. La victoire des Yankees est la victoire d'une certaine morale et avec elle d'une certaine conception de l'homme et de la vie. C'est le rationalisme qui triomphe et, avec lui, les grands principes qu'on proclame et qu'on n'applique pas, et, après eux, c'est le dollar dont le culte s'installe et, avec le dollar, les aciéries et au-delà des aciéries, le fonctionnalisme, et, à l'horizon de tout cela, la société de consommation, la publicité, le conformisme, la monotonie, et les longues, les immenses plaines de l'ennui et de l'absurdité. Comme on voit, ce n'est pas l'Amérique : car aucun peuple ne développe de lui-même ces toxines qui sont des produits de la chimie mentale et non de la chimie biologique. C'est même parler inexactement que de dire que ces poisons sont ceux du monde moderne. Cette expression vague ne signifie rien. Les charlatans qui vendent des malédictions contre le monde moderne soufflent des bulles de savon. Les fours Martin et les cuves à titane ne sont pas des installations qu'on peut créer dans le fond du jardin et on ne montera jamais des autos sur la table de la salle à manger, comme les petits garçons y montent la grue de leur « Meccano ». Le travail collectif n'est ni une malédiction ni un enfer, c'est simplement une certaine manière de travailler. Et la tristesse du monde moderne ne vient pas du monde moderne lui-même, mais des gaz idéologiques qu'on mêle à ce métal en fusion et qui en font un alliage infect. Et là, nous retrouvons nos Yankees et leur univers tiré au cordeau, leur férocité idéologique, leur contrainte des consciences avec appui de gendarmes, leur hypocrisie, leur passion de l'alignement, lesquelles seules, et non pas quelque fatalité née de l'usine ou de l'ordinateur, nous dirigent vers un genre de félicité dont la vie en Union Soviétique nous donne par avance quelque idée.

Etre *sudiste,* c'est donc d'abord refuser d'être modelé par une idéologie, c'est refuser d'être comme la pâte à gaufre qui n'aura jamais d'autre forme et par conséquent jamais d'autre existence que la forme que lui impose le gaufrier.

Dans les images des *sudistes,* chacun est libre de retenir celles qu'il aime. Il y a même des échos de la catastrophe *sudiste* dans notre propre histoire par lesquels nous percevons mieux certains appels. Ils n'éveillent pas en nous les mêmes résonances, ce sont des volcans éteints. On voit seulement les coulées de lave, mais on comprend qu'elles ont figé à certain moment le paysage de l'histoire et qu'on a suivi longtemps, sans en savoir l'origine, les vallées qu'elles avaient creusées. Car, trois fois, les *sudistes* ont été vaincus au cours de notre histoire et, trois fois, il fallut des siècles pour faire disparaître les cicatrices que leur défaite avait laissées.

La Croisade des Albigeois, la querelle des Guelfes et des Gibelins, la célèbre querelle des Images à Byzance reproduisent en des temps différents la même tragédie. Ce fut la victoire des *principes,* le laminoir des idéologies écrasa quelque chose de vivant, les Yankees portaient alors des robes de moines. Mais les « héros » dont le souvenir est resté dans ces paysages foudroyés ajoutent à « l'image » sudiste des traits imprévus.

Les Cathares avaient inventé le « bonheur de vivre » dans leur glorieuse Aquitaine. Mais les « purs » veillaient sur la cité heureuse. C'est un échange difficile à comprendre pour nous : on dirait une continuelle rédemption. Ces « purs » nous enseignent la fonction de l'élite : elle guide et se sacrifie. Il fallut cinquante ans et trois armées pour réduire leurs forteresses. On voit encore dans les Pyrénées les burgs inaccessibles dans lesquels ils s'enfermèrent. Plusieurs revinrent quand le siège était déjà sans espoir pour être présents à côté de leurs « frères » au jour du supplice. La Sainte Inquisition apparut derrière les béliers des vainqueurs et elle fut chargée d'extirper le mal parmi les survivants.

Les Gibelins (c'étaient les partisans des Weibelingen, nom de la dynastie de Hohenstaufen) portèrent la grande et magnifique pensée du Saint-Empire. Les empereurs

Hohenstaufen incarnèrent le monde féodal contre les papes qui voulaient imposer leur pouvoir à l'Europe par le quadrillage idéologique. L'esprit féodal unissait comme une énorme masse biologique, végétale, la paysannerie allemande, la bourgeoisie des villes et les barons de Souabe et de Franconie. Des figures de légende incarnent aujourd'hui encore cette solidarité féodale qui fut ressentie à cette époque avec tant de force. Le souvenir de Frédéric Barberousse, celui du petit prince Conradin que Charles d'Anjou fit décapiter en présence de vingt mille habitants de Naples, après avoir inventé le premier « tribunal militaire international », avaient encore, il y a trente ans, l'étrange pouvoir de remuer la sensibilité allemande.

C'est que les Gibelins avaient porté une idée éternelle : celle de la fidélité. Cette structure naturelle de l'allégeance et du pouvoir est celle qui inspira Dante, leur poète. Le dernier des Gibelins fut Gaetz de Berlichingen qui renouvela, trois siècles plus tard, à la tête des paysans révoltés, l'image de l'alliance féodale gibeline, de la féodalité vivante contre les princes, qui étaient les héritiers de la féodalité décadente, devenue un pouvoir individualiste et usuraire. Ainsi, de la seconde projection des *Sudistes* dans l'histoire, nous retirons une image du « héros » sensiblement différente de celle de l'illuminé qu'on rencontre dans l'histoire des Cathares, mais, en revanche, l'image d'une épuration semblable à celle qui décima les Cathares.

Et c'est une troisième idée de l'élite que nous suggère la querelle des Images. L'empire byzantin se décomposait sous l'action des moines. Le quadrillage monastique se substituait partout à l'autorité impériale, les hérésies étaient devenues des « tendances » qui s'affrontaient au présidium : dans son Kremlin de Byzance, l'empereur d'Orient, ancêtre du tsar, n'est déjà plus qu'un prisonnier du « parti ». Les Images étaient les saintes icônes par lesquelles les moines établissaient leur pouvoir. L'armée, les hauts fonctionnaires, l'entourage de l'empereur voulaient se débarrasser de la dictature des moines, et créer un État moderne. Une sainte femme, la bienheureuse Irène, impératrice douairière, aidait sourdement les moines, de ses prières qui touchaient Dieu, et de son pouvoir qui était grand. L'empereur, son fils, s'appuyait sur les jeunes colonels de ses régiments de cavalerie. Il était beau, il avait vingt ans, le peuple l'adorait. Le récit des fautes qu'on lui fit faire, sournoisement, obstinément, est une page étonnante d'histoire ecclésiastique : on lui représenta que les jeunes colonels qui rêvent de réformer l'État sont des compagnons bien dangereux pour un empereur, on lui persuada d'en faire disparaître quelques-uns, on fit le vide autour de lui, on le calomnia auprès du peuple en le décrivant comme un impie qui préférait les rapports des préfets à la multiplication des miracles. Des régiments lui restaient pourtant fidèles. On l'envoya en expédition avec eux sur quelque frontière, puis on le rappela brusquement pour une nécessité urgente : la police des moines l'enferma dans une salle du palais où l'impératrice, sa mère, lui fit crever les yeux. Le « héros », dans cet exemple, est d'un style très moderne. Ces « gardes blancs » ne sont pas hantés par un rêve mystique, ils sont réalistes, ce sont presque les technocrates de leur temps.

Ces trois images des *Sudistes* que notre *sentiment* rapproche, bien que l'histoire n'établisse aucun rapport entre elles, nous expliquent le disparate et la confusion de certaines notions modernes. Dans ces trois exemples, le trait commun est l'existence d'une élite qui lutte contre une idéologie. Mais cette élite couvre à chaque fois d'une façon différente l'ordre qu'elle protège, elle *sert,* c'est sa fonction, mais de manière diverse. La *fidélité,* qui est son principe, produit une « plante humaine », comme disait

Stendhal, différente selon l'environnement et selon la pensée que lui donne son « héliotropisme ». Celle des « parfaits » cathares est un engagement à l'égard de leur peuple. Ils sont les pasteurs de leur peuple et aussi sa milice. Il y a quelque chose des chevaliers teutoniques en eux. Celle de la chevalerie est *organique,* si l'on peut dire : c'est l'ordre social tout entier qui repose sur l'allégeance et, en échange, sur le devoir de protection, ou n'en conçoit aucun autre, et les Gibelins ont la conviction que l'ordre, qu'on pourrait appeler *démocratique* pour leur siècle, que la Papauté voulait imposer, est un ordre contre nature. Et la fidélité des colonels à Byzance est une fidélité *personnelle* : l'empereur réformateur n'est pas le chef de la féodalité, le « roi d'Allemagne » comme Frédéric Barberousse, il est déjà un dictateur moderne auquel on prête serment pour le salut de l'État.

Ces trois ordres de la fidélité ne correspondent pas seulement à des conjonctures de l'histoire, dont on peut retrouver les éléments et les réactions typiques en d'autres temps, ils correspondent aussi à trois tempéraments. Dans l'ordre de la générosité qui est le sacrement de l'élite, ils sont non pas trois degrés, mais trois branches de cette ordination, qui conduit au fond à trois types d'enracinement. Le plus profond et le plus instinctif est celui qui repose sur un certain sentiment naturel de l'ordre et de l'honneur : c'est pourquoi la querelle des Guelfes et des Gibelins a duré si longtemps en Europe, c'est pourquoi elle a eu un retentissement si durable et des conséquences si graves. L'engagement des *parfaits* est de nature mystique. Il est plus absolu, il exige le sacrifice total, il aspire au martyre. Aussi est-ce un type de *dévouement,* au sens romain du mot, qu'on ne voit apparaître que rarement. Et cette ferveur mystique explique l'acharnement de la lutte, l'opiniâtreté d'une résistance désespérée, le dénouement dramatique. Et le troisième est le plus ardent, il est prompt, décidé, il engage des tempéraments enthousiastes, il est efficace par le point d'appui qu'il prend sur son temps, mais il est fragile parce qu'il est une fidélité *personnelle* qui risque de ne pas résister au temps : aussi les Cathares durent cent ans, les Gibelins durent trois cents ans, mais les colonels réformateurs ne durent pas plus d'une génération.

Ces trois vocations de la fidélité débouchent sur trois modes d'application, et même sur trois conceptions de l'action, dont la parenté profonde est sentie par la plupart, mais dont les disparates déconcertent, car elles peuvent conduire à des positions en apparence différentes. Les « chevaleries noires » qui consacrent toutes leurs forces à la défense d'un ordre qui leur paraît réaliser leurs conceptions les plus exigeantes, qui leur paraît être le seul ordre et la seule hiérarchie selon lesquels les hommes puissent vivre avec quelque dignité, sont les descendants des parfaits, et leurs ancêtres lointains sont les brahmanes de l'Inde dont la vie ascétique était un exemple et en même temps une protection, car la présence du sage protège contre le désordre par le respect qu'elle inspire. Les Chouans, les Carlistes, les Cavaliers fidèles aux Stuarts contre les Têtes Rondes de Cromwell, les Blancs qui partout sous vingt noms émouvants ont défendu l'ancien serment contre les soldats du Parlement ou des Cortès, sont les fils des Gibelins : et leurs ancêtres sont les Francs de Germanie qui n'acceptaient pour chef que celui que les guerriers avaient hissé sur un bouclier. Et les soldats de fortune, les officiers de Bonaparte au 18 brumaire, les colonels qui s'emparent du pouvoir avec un régiment de chars à trois heures du matin, les légionnaires de Pannonie qui proclamèrent Claude et Aurélien sont les sauveurs d'empires que la pourriture de Byzance suscite de siècle en siècle.

Atlanta, c'était seulement le passé, c'était seulement le

bonheur de vivre. L'hacienda dont la porte s'ouvre devant le landau qui conduit Scarlett au bal, qu'a-t-elle de commun avec le champ des Cramats où fut élevé le bûcher des pasteurs cathares, avec l'échafaud qu'on dressa à Naples pour le jeune prince Conradin, avec la salle du sérail où la bienheureuse Irène fit supplicier son fils empereur ? Pourquoi ces images du passé, si fortes, si dramatiques, s'incarnent-elles pour moi en se reflétant sur un relais si différent, presque puéril, sur le dolman gris que portaient les volontaires du Sud, les soldats du général Lee ? Cela n'a pas de logique apparente, et pourtant je sais que mon sentiment ne me trompe pas. Ce que voulaient les Cathares, et les Gibelins, et les compagnons du jeune empereur, c'était le droit de vivre *à leur guise* et d'être heureux selon leur propre loi. Ce qu'ils repoussaient tous, c'était la contrainte qu'un système, une idéologie, prétendaient leur imposer et qu'après leur défaite, une même *épuration,* une même politique *d'assimilation* leur imposa en effet. Et, comme je ne comprends pas bien, à cause de la distance des siècles, la forme de bonheur que les Cathares, les Gibelins, les Byzantins ont perdue, tandis que je comprends bien et sens fortement la forme de bonheur que les Sudistes défendaient et que nous avons perdue en même temps qu'eux, c'est leur souvenir qui m'émeut et c'est leur nom que j'ai pris pour symbole.

Je désigne donc sous le nom de *sudistes* tous ceux qui, à quelque moment, ont ressenti une contradiction profonde entre le mode de vie et de détermination qu'une idéologie prétendait leur imposer et leur tempérament, leur instinct, leur attachement à une certaine manière d'être qu'ils estimaient conforme à la nature des choses : les « gardes blancs » qui ne capitulent pas devant le *sens de l'histoire,* qui ne croient pas à un *sens de l'histoire.*

Les différentes versions historiques du *sudisme* sont

fondées sur l'acceptation de l'inégalité parmi les hommes et même sur le respect des *castes* qui ont pour fonction de l'affirmer. Mais cette inégalité est si peu ressentie comme une injustice que ce sont ceux-là mêmes qui devraient s'en plaindre qui constituent les troupes des *sudistes* et repoussent les idéologies qui leur apportent les bienfaits de l'égalité.

Chacun trouvera des exemples à son gré, ils ne manquent pas : ceux de la guerre de Sécession ne sont pas les moins singuliers.

C'est que l'inégalité, l'existence des *castes*, et surtout les *privilèges*, les fameux *privilèges*, sont des éléments de paix et de solidarité, des principes de stabilité et de réciprocité, les canaux d'une circulation continuelle des devoirs, du respect, de l'affection, du dévouement, les nœuds mêmes et embranchements selon lesquels se ramifie le vieux chêne de la fidélité. Nous calomnions avec légèreté des civilisations entières, quand nous nous déchargeons sur les mots vagues et altiers d'obscurantisme et d'oppression du devoir de comprendre comment des relations qui nous sont devenues étrangères ont pu durer pendant des siècles. On peut tromper des paysans souabes et des Bretons qui n'écoutaient que leurs curés, on peut abuser le « bon nègre » qui ne se trouvait pas si malheureux dans sa plantation. Mais qui croira que des monarchies, qui ont duré dix fois plus longtemps que nos meilleures républiques, furent, pendant tout ce temps, des régimes insupportables qui ne se maintenaient que par leur gendarmerie ? Il y a une décadence des *sudismes* : nous le dirons, nous ne manquerons pas de le dire, c'est utile pour tout le monde. Mais il faut commencer par voir ce qu'il y a de sagesse, de générosité réelle, de justice profonde et de consentement général dans les sociétés qui se construisirent d'elles-mêmes, sans principes et sans tables de la loi, et qui se développèrent d'une croissance presque végétale sur le terreau de la nature humaine, qui n'est ni aussi véritablement mauvais qu'on le dit, ni aussi profondément bon qu'on veut souvent nous le faire croire.

Les formes naturelles de la vie, quand on les aperçoit à travers l'histoire, nous font considérer même avec tristesse et honte les rapports humains que nous leur avons substitués. Sauf en quelques temps cruels et en quelques rares rencontres, les hommes ont ignoré autrefois les rapports de force et d'égoïsme, l'institution de mercantile indifférence que notre époque a établis entre ceux qui détiennent l'argent et ceux qui en ont besoin. La « clientèle », structure qui n'est pas seulement romaine, comme on le croit en général, mais qui fut à peu près universelle, l'appartenance, la vassalité, étaient des relations humaines fondées sur la courtoisie, la reconnaissance, la fidélité. Même des mots qu'on nous apprend à maudire, ceux de domesticité, d'esclavage, ont été chargés en leur temps d'affection, de piété filiale, de respect. Il n'y avait pas, comme nous le disons bêtement, des « humbles » et des « puissants » : mais c'était comme les divers degrés d'une parenté. Le service d'une vie entière, celui de plusieurs générations, créaient spontanément ces « droits » que nous réclamons en vain de nos législations impuissantes, droits qu'on n'avait pas besoin de « revendiquer », qu'il était même superflu de rappeler, car il eût été déshonorant aux « maîtres » de les oublier : et même il était impossible de les oublier, tellement ils étaient naturels, inscrits dans la vie de chaque jour, acceptés par les plus favorisés comme une chose aussi simple que la politesse, comme le signe même, marqué sur eux, de leur propre supériorité.

Les liens qui s'établissaient alors et que nous avons peine à imaginer étaient ceux d'une famille ou d'une tribu.

L'inégalité, la généreuse inégalité, n'était même pas perçue, tellement chacun se sentait à sa place, égal par sa souveraineté et sa plénitude dans cette place même, la sienne, à la souveraineté et à la puissance dont le « maître » était investi : ne songeant pas plus à l'inégalité qu'un fils ne pense à l'inégalité qu'il y a entre lui et son père, tous membres de la famille, non pas même « adoptés », mais membres par fondation, « appartenant » aux Scipion, aux Montmorency, au « ranch » ; nés sur cette terre et sous ce drapeau, en portant non pas la livrée, mais l'uniforme, « sujets » du chef de la maison, mais comme un baron était sujet du roi. Et tous avaient des « privilèges » qui n'étaient pas, comme on nous l'a appris, d'arrogantes prérogatives, mais des dons et faveurs que le « maître » avait accordés, qui distinguaient et récompensaient et qui étaient, comme leur nom l'indique assez, non pas des exactions des grands, mais des privautés spéciales, par lesquelles on était remercié de l'affection et de la fidélité ou confirmé dans un usage et parfois une usurpation, mais qui en étaient d'autant plus chers aux faibles, aux « manants », qui en furent, on ne le dit pas assez, les plus fréquents bénéficiaires.

Quelle douceur, quelle humanité dans ces liens qui unirent parfois, comme les branches mêlées d'un hallier, des tiges entières pendant des générations ! On retrouve encore dans les tombes du IIIe siècle des esclaves couchés aux pieds de leurs maîtres, les serviteurs en Chine portaient le nom de la famille qu'ils servaient, leurs enfants mangeaient à la même table que les enfants des maîtres, et n'importe quel hobereau de France ou d'Allemagne se regardait comme personnellement insulté par quelque injustice à l'égard de « ses gens » ou des paysans de sa terre. Ce n'est pas seulement la monarchie, c'est, en vérité, la société d'autrefois toute entière qui était fondée sur *l'honneur* : l'honneur de servir et d'être fidèle pour les uns, l'honneur de protéger et parfois de payer de sa vie pour les autres. Ce fut le vrai pacte entre les hommes, et on ne demandait pas autre chose que d'être loyal et humain. Et certes, il y eut de mauvais maîtres, il y a toujours de mauvais maîtres : mais ils savaient qu'ils étaient méchants, ils ne s'inclinaient pas, la conscience bien tranquille, devant la « loi de l'offre et de la demande », ils savaient qu'ils étaient indignes de leur titre et de leur sang, ils ne s'abritaient pas derrière le « règlement intérieur » ou le « contrat collectif » du secteur professionnel. C'étaient des relations d'homme à homme, dans lesquelles chacun était responsable, dans lesquelles chacun, même serf, était un homme.

La véritable nationalité fut longtemps cette allégeance qui rattachait à une famille, à une comté, comme on disait, ou à quelque autre réseau de suzeraineté. Elle était rendue sensible par des coutumes, des privilèges, des manières d'être propres à ces groupes qui étaient encore (ils en ont gardé le nom en Écosse) des espèces de clans. Nos nationalités modernes, dans ce qu'elles ont de plus solide, se rapportent encore à une certaine manière de vivre, que nous retrouvons dans nos législations, filles des coutumes, et dans nos préjugés, reflets des anciens privilèges. Comme dans la chanson, nous sommes encore les « gars de la Mayenne », les « gars du canton ». Je me sens Français par une certaine manière de « me sentir bien » en France, et non pas à cause de la Déclaration des Droits de l'Homme. Ce confort qui repose sur une conformité du jugement, des manières, des habitudes, et qu'on retrouve dans la conduite, dans le manger, dans le parler même, quand je ne le perçois plus, je ne me sens plus en France. Il y a ainsi des provinces qui me sont aussi indifférentes que le Luxembourg ou la Wallonie et pour lesquelles je me garderais bien de me battre. L'enracinement vertical des hommes est le principe de tout accord et de tout équilibre. Toutes les formes de solidarité sont possibles entre des hommes qui *sentent* leur parenté. Et, au contraire, toutes les solidarités qu'on invente et qu'on fonde sur quelque découpage horizontal en tranches ou catégories sont inévitablement précaires. N'importe quel grand vent enlève ces tuiles qu'on a alignées.

Le système des castes que presque toutes les grandes civilisations ont établi est, de la même manière, un produit naturel. Il est la conséquence de toute structure verticale, car celle-ci rassemble, dans l'unité de la lignée ou de la clientèle, des hommes que leur culture, leur manière et leurs pensées séparent. La division en castes n'est pas un acte d'hostilité, c'est simplement une constatation. Et cette constatation est si évidente que notre société actuelle est encore divisée en castes, parce que cet arrangement est spontané. Les castes n'ont aucun rapport avec nos « classes sociales », car elles n'ont pas de définition économique. Elles se constituent en raison de la culture, des goûts, des manières, d'une certaine tenue morale. Les occupations même ne sont qu'un signe : elles entraînent l'estime ou l'excluent pour des raisons morales. Les castes sont comme des nœuds qui se forment sur un arbre. Elles peuvent être très nombreuses, car, à tous les étages sociaux, les hommes sont également jaloux de leur privilège de culture et de leur droit de choisir leurs égaux, ils veulent être entre eux : on oublie trop qu'un balayeur ne se plaît pas plus en compagnie d'un colonel qu'un colonel en compagnie d'un balayeur. Ce sont les sociétés décadentes qui inventent la morgue. Au contraire, les castes, dans une société hiérarchique, créent l'obligation de la générosité, elles imposent la dignité dans la conduite, la fierté dans la morale, elles font du service un devoir. Ce classement, au lieu d'être stérile comme celui de l'argent, fait porter à chacun le poids écrasant de la supériorité. Ils ont des éperons d'or, mais il y a toujours un moment où il faut les payer.

Notre société égoïste et sèche a inventé un brevet de respectabilité à sa mesure : on ne doit rien à personne quand *on ne doit pas un sou*. Cette morale d'épicier est parfois transgressée : c'est qu'il se rencontre de temps en temps des millionnaires qui ne sont pas fâchés par vanité ou par générosité véritable de se conduire comme ceux qui étaient revêtus autrefois d'une dignité étaient tous *tenus* de le faire. Le peuple sent très bien, et pratique cet orgueil auquel on prétend faussement qu'il est étranger. Il n'est personne qui ne soit aussi pointilleux sur les obligations de la générosité que ceux qui sont le moins propres à les soutenir. C'est que chacun, en tout rang, tient aux devoirs de sa caste qu'il regarde comme une part de sa dignité. Un ouvrier ne cotise qu'à regret pour affirmer sa solidarité de classe, il sent qu'elle est factice : mais il est exact à faire les cadeaux qui sont dus et à exiger le pas dans l'escalier. Il prouve ainsi qu'il a conservé sur la dignité et sur les devoirs le même sentiment que les courtisans que décrit Saint-Simon. En tout état, on tient à faire ce qu'on se doit à soi-même et on est bien aise, ainsi, d'être prince pour quelqu'un.

Il est édifiant de constater la vitalité des structures naturelles et comme elles résistent au pic des législateurs. La fureur avec laquelle on applique les principes est une fureur impuissante. Les castes existent et se perpétuent sous nos yeux dans un régime qui les réprouve depuis cent ans. Les communistes ont essayé de détruire la famille : ils ont été finalement obligés de la reconnaître et de l'encourager. Les Américains veulent imposer l'intégration des races : il se constitue sous leurs yeux des ghettos et des secteurs noirs et leur contrainte ne réussit qu'à établir les conditions matérielles de la ségrégation. Tout ce que peuvent faire les idéologies, c'est de répandre des idées utopiques qui engendrent l'amertume et l'envie. Elles traversent ainsi le travail réparateur que la nature poursuit obstinément : elles détruisent les chairs neuves qui se reforment, elles avivent les plaies, sans apporter l'espoir même de la guérison.

*

* *

Il y a une morale des *sudistes*. Elle a deux traits qu'on retrouve en d'autres morales. D'abord, elle est inégalement observée, et ensuite elle n'est pas rationnelle. Ces deux particularités s'expliquent par son caractère même. Elle est un ensemble d'impulsions, et non une doctrine. Si elle a une unité, cette unité est biologique. Cette morale est seulement une attitude, une certaine manière de pousser droit, comme pour une plante.

C'est pourtant les mots de *Sparte* qu'on retrouve quand on veut décrire le fond de cette morale *sudiste* : rectitude, courage, loyauté. Mais ces mots n'ont pas tout à fait la même résonance chez les *Sudistes*. Ils ne définissent pas *totalement* le bien, hors duquel il n'y a point d'autre vertu : ils décrivent plutôt une disposition qui respecte, comme allant de soi, les vertus dont *Sparte* fait un uniforme, que les *Sudistes* font déboucher sur d'autres applications, qu'ils fertilisent pour ainsi dire. Car, chez eux, elles colorent toute la vie, elles se ramifient en inclinations bienveillantes, elles ne constituent pas un *trophée* dans lequel les armes se combinent et se croisent, mais un *arbre* dont les branches se rapportent toutes au même tronc. La rectitude, par exemple, n'est pas seulement la droiture, elle consiste aussi à avoir ce que nous appelons *du caractère*, elle doit définir toute une vie : finalement, c'est être fidèle à soi-même et à la morale de caste. Le courage n'est pas une vertu de fier-à-bras. Sous sa forme la plus haute, il comporte le sang-froid, la patience, la souffrance, l'épreuve. Les Japonais avaient un mot pour le courage irréfléchi qui va chercher la mort fatalement : c'était, disaient-ils, une « mort de chien ». Et la loyauté, enfin, est ce qu'on doit aux *autres*, et à ces autres tout particulièrement que sont l'étranger et l'ennemi : c'est une attitude dans le combat.

Les vertus du soldat ont donc toutes chez les *Sudistes* un complément ou plutôt un prolongement qui leur donne leur entière signification. A la rectitude correspond la modération qui est l'équilibre d'un grand caractère, et, dans les manières, la politesse qui implique le contrôle de soi, la modestie et les égards dus aux autres. Au courage correspond la bonté du fort et notamment la générosité envers l'ennemi vaincu. Le soldat n'a pas de haine pour un ennemi vaincu, il traite avec honneur un homme de cœur qui a été malheureux et qui reste un de ses pairs. Kensin, le samouraï, pleure lorsqu'il apprend la mort de Shingen, son ennemi, après quatorze ans de guerre. Et le vainqueur de Bréda ouvre les bras au gouverneur qui a le désespoir de lui rendre son épée. Car l'épée unit ceux qui combattent loyalement. Enfin, à la loyauté correspond l'estime pour ceux qui refusent le mensonge et l'équivoque, l'égalité qui leur est consentie et, en contrepartie, la séparation qui relègue ceux qui refusent cette rigueur, ceux que leur métier invite à l'obséquiosité ou à la flagornerie, à l'artifice ou à la fraude. Le marchand est exclu par cette morale de l'intransigeance : non pour ses richesses, mais pour l'origine servile de ses richesses. Et la pauvreté est regardée comme indifférente et même comme naturelle à ceux qui n'acceptent pas de composer. Tel est le fond de la morale *sudiste* qui n'est rien de plus que la résonance sur toute la vie de la morale virile quand les religions et la métaphysique ne l'altèrent pas. Les livres nous apprennent que les trois colonnes du *Bushido* s'appellent *Chi, Jiu, Yu*, Sagesse, Bonté, Courage. Ce sont les attributs de l'homme quand il est maître de lui-même.

Cette morale, on le voit, n'affecte pas l'effort, le

raidissement, elle ne laisse rien paraître de cette armure stoïcienne que le *Spartiate* juge indigne de déposer. Elle est plutôt une disposition intérieure, qui s'épanouit tout naturellement parce qu'elle exprime un enracinement. Elle est comme l'irradiation sur tout l'être que donne une certitude, non pas une certitude acquise, une certitude apprise, mais une certitude qu'on a dans le sang, qu'on sait d'instinct. On est ainsi parce que les rapports réels de la fidélité impliquent ces conséquences. Car la fidélité ne repose pas seulement sur une parole qui n'engage pas moins d'un côté que de l'autre et selon laquelle l'un doit la protection, l'autre le service : ce n'est là qu'un résultat politique, balistique pour ainsi dire de serment de fidélité. La signification réelle de la fidélité est au-delà : elle est dans la solidarité, dans la fraternité profonde que ce parrainage affirme. Ce n'est pas une loi d'amour comme dans le christianisme, c'est une affiliation. Au contraire d'une déclaration universelle adressée à tous les hommes, la fidélité suppose un choix parmi les hommes. On se définit soi-même en s'engageant, parce que s'engager, c'est s'identifier. Et cette affirmation qu'on fait de soi, ce baptême qu'on reçoit parmi les hommes, engage pour la vie : on s'avance et l'on dit son nom. Et ce nom déclare ce qu'on est, proclame les frères, sépare les étrangers. On est quelque part sur une tige, sûr de soi, ferme dans son devoir, ayant à la fois une conscience et une sève, qui sont une seule voix. La fidélité, c'est la conscience du sang. On est ce qu'on est, certitude qui donne le calme, le sérieux, l'esprit de justice. C'est le seul baptême que puissent donner les hommes lorsqu'ils ne vous imposent pas sur le front le signe d'un Dieu.

Je ne sais ce que vaut ce baptême à l'heure de la mort. On est comme le loup : on meurt pour les siens. Ce n'est rien d'autre assurément que de sentir fortement la vie. Les morales que les hommes honorent n'y trouvent pas toujours leur compte. Mais qu'est-ce que les religions nous offrent sinon le pari de Pascal ? Le reître qui meurt en criant « Confession ! » que serre-t-il d'autre sur sa poitrine qu'un *gri-gri* ? Celui qui meurt consolé par la pensée d'avoir servi tous les hommes m'embarrasserait davantage. Mais les religions considèrent généralement avec méfiance cette profession de foi : ce n'est pas cela qu'elles veulent en définitive. Et servir tous les hommes, c'est souvent en favoriser sournoisement quelques-uns, qui nous préparent une camisole... On n'est jamais assuré parfaitement de ne pas être dupe. La fidélité ne met pas à l'abri de cela. Il y a des branches mortes sur les plus beaux chênes. Nous ne pouvons rien contre l'injustice de la nature : elle nous laisse seuls. Mais nous pouvons répondre de nous-mêmes à nous-mêmes. C'est beaucoup de récuser les juges et de n'accepter que le jugement qu'on porte sur soi.

*

* *

Cette morale est si instinctive qu'elle s'est imposée à peu près à la même époque à des races d'hommes qui s'ignoraient et dans des continents qui ne pouvaient communiquer. Cette description de l'esprit chevaleresque, elle est tirée, comme on peut le voir, des codes qui furent établis au XIIIe siècle pour les Samouraïs. Je ne comprends pas trop comment on peut croire, dans ces conditions, qu'elle fut en Europe une émanation du christianisme. La volonté de faire son salut préférablement à toute chose et d'y appliquer exclusivement sa pensée a peu de place dans cette morale du siècle. L'humilité, l'amour du prochain placé avant tout et avant l'honneur même, le refus de la violence, sont aussi peu compatibles avec ces certitudes qu'un autre devoir inspire. L'annexion de l'esprit chevaleresque par le christianisme me paraît être, en réalité, un exemple parfaitement réussi d'*aggiornamento* : l'Église y mit l'esprit d'accommodement que les Jésuites recommandaient plus tard dans la politique des « cérémonies chinoises », elle se contenta de génuflexions. Cette morale, qui est fort peu chrétienne et qui n'est pas spécifiquement occidentale, est surtout une morale de la conscience, une morale instinctive de la dignité et de la supériorité : on la retrouve partout où il y a une inégalité qui engendre une fraternité. Elle répond à la question : « comment se conduit un seigneur ? »

Il ne faut pas s'étonner alors que cette morale ait survécu aux seigneurs, comme celle de Sparte avait survécu au prestige du soldat. Elles sont l'une et l'autre une disposition de cœur que les transformations de la société n'arrivent pas à effacer. Les monarchies avaient déjà empli d'une autre cire les alvéoles de la féodalité, mais les alvéoles existaient toujours, elles formaient le gâteau d'où le miel débordait : ainsi la morale militaire restait l'armature sur laquelle un personnage nouveau, le gentilhomme, faisait reposer des manières qui paraissaient très éloignées de l'esprit féodal, mais qui se rapportaient au même code. Les inondations, les raz-de-marée de l'histoire passaient sur ce terrain humain sans en détruire de relief : les falaises et les crêtes tombaient, mais, après ces éboulements, le vieil ordre des valeurs maintenait au cœur des hommes ses collines et ses étagements. Et l'on vit ensuite que les idéologies ne parvenaient pas à changer le cœur des hommes. Par mille canaux invisibles circulait dans l'État démocratique une pensée qui n'était pas du tout démocratique. Le gentilhomme était devenu un survivant d'un autre âge, on le reconnaissait à l'œillet qu'il portait à la boutonnière, aussi étrange que les bouffettes qu'on mettait aux oreilles des chevaux, le militaire était regardé par les esprits avancés comme un personnage de comédie et l'on se moquait de sa « culotte de peau », mais la loyauté, le respect de la parole donnée, le courage, la fidélité, continuaient à l'emporter sur les qualités syndicales et sur les services rendus à la municipalité. Les cours de récréation étaient d'un pernicieux exemple. Les écoliers de douze ans s'obstinaient à mépriser les mouchards, les poltrons et les garçons qui ne savaient pas dénicher les pies. Ces sentiments rétrogrades étaient incurables chez les galopins auxquels le gouvernement s'obstinait à accorder des bourses d'internat.

La morale laïque elle-même répandait imprudemment des principes ambigus. Sous le nom de civisme, elle ressuscitait la loyauté, au nom de la démocratie, elle faisait appel à la fidélité, et, pour défendre la liberté, elle se repliait sur le courage en faisant un devoir de l'insurrection. Son imagerie n'était pas moins regrettable, encombrée de soldats de l'an II, de généraux emplumés, d'orateurs incendiaires, de conventionnels intrépides qui défiaient l'Europe des rois. Le redoutable Tite-Live prenait la relève dans les lycées de l'héroïque petit Viala. Nous marchions entourés de héros. Je rêvais à dix ans sur mon livre d'histoire ouvert à la page où le sergent Bobillot succombait sous les coupecoupe des Pavillons Noirs. Condamnés tous les dimanches dans les discours des conseillers d'arrondissement, les *Spartiates* et les *Sudistes* triomphaient les autres jours de la semaine dans les maximes que l'instituteur écrivait le matin au tableau noir. Même désarmés, même sans champion, *Spartiates* et *Sudistes* sont dans nos cœurs, ils n'ont jamais fini de livrer leur bataille. On les croit morts quand la bannière de Jackson flotte sur Atlanta. Mais ils réapparaissent sur des chars, en battle-dress dans la boue, sous la tenue « léopard », toujours fidèles à leurs dieux d'autrefois, incorrigibles, indestructibles au milieu des hommes, surgissant comme des fantômes dans les cités d'où l'on croyait pourtant les avoir bannis à jamais.

*

* *

Il y a dans la morale *sudiste* quelque chose qui sépare. Non seulement elle est étrangère à ce qui est *rationnel,* non seulement elle élimine tout ce qui est *mercantile,* mais elle est allergique, elle se retranche, elle est rétractile devant tout ce qui est *bas.* Et le plus grand nombre des hommes est naturellement bas. Ils sont bas par leurs cris, par leur envie, par leurs prétentions, par leur sentimentalité et leurs pleurnicheries, ils sont bas par tout ce qui les préoccupe et qui les fait haleter de désir comme des chiens devant leur pâtée, par leur avidité, leur jobardise, leur médiocrité, leur insondable sottise et leur insondable peur. La morale *sudiste* a cette particularité : le refus pour ceux qui portent la morale *sudiste* d'être confondus avec ceux qui ne la portent pas. Le sacrifice, ils veulent bien, les *Sudistes.* C'est leur métier, c'est le pacte, ils sont là pour cela. Le bonheur du peuple, bien sûr : qui est-ce qui ne veut pas le bonheur du peuple ? Mais cette définition exigeante qu'ils se donnent d'eux-mêmes, ils savent que *la masse* ne l'acceptera pas pour elle.

Car, le peuple de seigneurs, où est-il parmi les hommes ? Parfois, on croit le rencontrer, mais l'illusion aussitôt se dissipe. Comme ils sont éphémères ces peuples de bronze coulés comme un seul canon par la joie d'une fidélité ? On entend tonner quelques mois l'âme des vieilles guerres, puis les machines écrasent et broient cet acier qu'on croyait pur. Et ces peuples qui avaient porté l'honneur des hommes, on les voit défiler plus tard, non pas chargés de chaînes et accusant le ciel injuste, mais brandissant des petits drapeaux qui sont ceux de leurs vainqueurs. Ceux qui les ont conduits, ceux qui se sont sacrifiés ne laissent point de postérité parmi eux. Ils ont accompli un instant leur mission de fiers vassaux, ils ont porté la lumière antique, et tout retombe dans l'obscurité après eux. Il n'y a plus de peuple élu, il n'y a plus de peuple de seigneurs : il n'y a que des buveurs de bière et d'honnêtes petits Japs que l'ombre de quelque dieu a tiré un moment de la médiocrité des hommes et qui s'empressent d'y retomber. Avec soulagement.

La morale *sudiste* débouche donc sur une politique oligarchique. Il y a dans tous les peuples des *porteurs* de ces qualités naturelles que les grandes civilisations ont placées en tête de toutes les valeurs. C'est à ce type d'hommes et à lui seul que revient la mission de guider les peuples et de choisir pour eux.

J'ai longtemps cru que les *Ordenburgs* des SS devaient enfermer dans leurs murs de jeunes garçons intransigeants et altiers auxquels on apprendrait le métier de héros. Je les voyais durs pour eux-mêmes et aspirant au sacrifice, implacables et pauvres, milice de l'ordre et de la foi, jeunes Saint-Just. Je rêvais d'une race de prêtres, chevaliers de quelque Ordre Teutonique invisible qui monteraient éternellement la garde aux frontières de la pureté. C'était une image de *Sparte*. Et cette image de *Sparte,* il est nécessaire qu'elle subsiste. Non pas seulement parce qu'elle est indispensable pour la victoire : mais plus profondément, plus durablement, parce qu'il faut que, dans toute civilisation, des hommes poussent jusqu'à sa limite le génie même de cette civilisation, le principe duquel elle tire sa vigueur. Il n'y a pas de civilisation sans brahmane.

Mais dans la transcription *sudiste,* ce qui importe est plus simple et plus facilement réalisable. Il suffit que la classe dirigeante dans l'État soit pénétrée de cette morale de la loyauté, du courage et du désintéressement et que sa vie privée en donne constamment l'exemple. On peut se passer des formes prussiennes de dressage et de recrutement : elles ne sont pas indispensables non plus dans le gouvernement des hommes. Ce qui importe, c'est que cette élite existe, qu'elle incarne l'honnêteté et l'honneur et qu'elle en montre l'image à tout moment.

Cette exigence pour soi ne justifie pas seulement les pouvoirs que l'oligarchie revendique, elle donne un modèle qui en impose à la nation tout entière, elle crée un esprit dont toutes les castes s'imprègnent. Les Japonais n'ont pas procédé autrement pour former un peuple qui donna si longtemps de grands exemples de discipline et de courage. Le peuple n'était pas tenu aux obligations sévères que respectaient les familles qui vivaient selon la tradition. Mais l'admiration que lui inspirait cette conduite, qu'il trouvait à la fois dans les légendes dont il était nourri et chez les hommes qui dirigeaient le pays, persuadait les plus humbles qu'il existait une manière *honorable,* comme ils disaient, de se conduire qui provoquait le respect et l'estime : et qu'on pouvait, en effet, obtenir, en la pratiquant, cette récompense du respect et de l'estime, certitude qui institue, plus sûrement que les lois, une véritable égalité parmi les hommes.

Cette manière de voir n'est pas si japonaise qu'on le croit. A peu de distance de notre temps, c'est ce même désir de mériter le respect et l'estime qui faisait ramper, dans les boyaux de Verdun et de la Somme, des paysans assez peu héroïques au cours de leur vie quotidienne, mais qui, en ce temps-là, valurent bien les soldats du Mikado. Cette volonté de mériter l'estime et le respect, elle est donc toujours vivante parmi les hommes, et c'est même assurément cette aspiration qui attachait à la république les instituteurs que j'ai tant aimés quand j'étais enfant. Mais elle a été constamment bafouée par une élite que l'argent seul recrutait, que l'argent seul intéresse, qui est le contraire d'une élite parce qu'elle ne vit que d'égoïsme et de pensées basses et le contraire d'une aristocratie parce qu'elle méprise.

J'aurais aimé être républicain. Mais « républicain » comme l'était mon père, comme l'étaient beaucoup de braves gens, estimables et honnêtes, que j'ai connus auprès de lui. J'aurais aimé être républicain parce que j'aime l'honnêteté. Par niaiserie, en somme : au moins par naïveté. Et je souhaite un régime autoritaire, et même un régime oligarchique, précisément parce que j'ai quelques traits en moi d'un « républicain ». Parce que c'est le seul moyen de restaurer le règne de l'honnêteté. Parce que j'aime les hommes, aussi, et que je suis sans illusion sur eux. Parce que j'aime le peuple, au fond, et que je suis triste qu'on l'abrutisse et qu'on se moque de lui. Parce que je suis du côté des Chouans par goût de servir et d'aimer et du côté des « messieurs », par ce que j'exige de moi. Parce que j'ai cru aux héros de Corneille, à la charrue de Cincinnatus, aux douze enfants de Cornélie, à la vertu des Scipion, à tous ces contes de fées auxquels croient les *Sudistes,* et qu'un gouvernement véritablement démocratique devrait remplacer, comme on fait en Chine, par la lecture du catéchisme de Mao.

C'est là de la morale civique, de l'instruction civique, comme on dit dans les livres de classe. Mais les *Sudistes* ont encore un « art de vivre » que je n'oserais certes appeler une morale, mais dont je demande la permission de parler en quelques pages, que le lecteur sautera s'il trouve ce sujet sans intérêt.

J'aurais été, pour beaucoup de raisons, un très mauvais élève de l'école des cadres d'Uriage. Et pourtant, j'ai de la sympathie pour ce Dunoyer de Segonzac qui la commandait, s'il était tel que le décrit un bel article que

Jean-Marie Domenach, avec qui je me croyais peu d'idées communes, écrivit au moment de sa mort. Il voulait « refaire des hommes », dit son panégyriste : voilà une idée que j'approuve. Il pensait que « l'aristocratie s'ordonne aux valeurs » : c'est du pathos, mais c'est tout à fait mon sentiment. Il croyait au « prosélytisme des vertus » : c'est, dans un langage beaucoup plus noble que le mien, ce que je viens de déclarer. Cette rencontre m'inquiète. Il ne me paraît pas évident que je sauterais au cou de Jean-Marie Domenach si je le rencontrais, en constatant mon parfait accord avec lui. Il doit manquer quelques traits à l'image de mon *Sudiste*.

J'en vois un d'abord dans le portrait que fait Jean-Marie Domenach. Il savait, dit-il, « être le chef sans être important ». Voilà qui me convient et qui me paraît précieux. Plus que les « alliages uniques » et les « contradictions toniques » que l'éminent scholiaste signale en son héros. L'humour me paraît, en effet, une qualité indispensable au *Sudiste*, bien qu'il ne figure pas parmi les vertus du parfait Samouraï. C'est même par l'humour qu'on est vraiment *Sudiste*. Cela corrige les claquements de talon, les certitudes dans les convictions, l'agressivité sans nuances, rhumatismes qui menacent toujours les combattants de première ligne. Cette disposition prévient les faux mouvements, même en politique. Que de fautes lourdes auraient évité les grands régimes d'autorité du XXe siècle si leurs proconsuls s'étaient quelquefois moqués de leur propre majesté. Les « chefs » que j'aime, je les aime râblés et se souvenant de cette parole de Montaigne que « sur les plus hauts trônes du monde, les rois ne sont encore assis que sur leur cul ».

Cet humour est encore un moyen de défense. Il protège le *Sudiste* contre les empiétements des idéologies, contre les vexations des gens en place, contre les malheurs qui ne viennent que de la vanité. C'est un palladium universel contre tous les produits de la sottise. Il permet même de passer indemne à travers les épreuves de la persécution, du moins celles qui ne dépassent pas le calibre usuel. Cette gaieté des *Sudistes* les rend presque invulnérables, quand elle repose sur une juste appréciation des biens véritables, direction de l'imagination dans laquelle on retrouve leur fond stoïque. Non seulement ils ne font pas les importants, mais ils n'admettent pas qu'on le soit. C'est une insolence contre laquelle il n'y a pas grand-chose à faire et qui décontenance les cuistres.

Les nuances de l'humour *sudiste* sont nombreuses et elles sont toutes recommandables. On trouve assurément de grands profits de l'humour sur soi : il met à l'abri des airs de tête, des profils avantageux, et il a le privilège de conserver la fraicheur du teint. On s'en trouvera bien en cas de succès : il arrête, ou, du moins, suspend la décrépitude provoquée par les louanges. Employé plus généralement comme antispasmodique ou fortifiant, l'humour sur toute chose donne de bons résultats. Il a été utilisé avec bonheur en littérature où la seule apparition de Roger Nimier et d'Antoine Blondin, de Marcel Aymé ou de Jean Anouilh, a suffi pour donner des tons verdâtres et une odeur de moisi aux objets idéologiques exposés dans la vitrine de la brocante littéraire. Nous autres, Gibelins, nous sommes tous en ce temps-ci des « singes en hiver » : l'humour est le rayon de soleil sous lequel nous nous étirons.

La littérature *sudiste* nous a enseigné les bienfaits de la ségrégation intellectuelle. Stendhal avait déjà très bien dit cela. Dans le grand-duché de Parme, il suffit d'être Fabrice del Dongo et d'avoir la chance de trouver quelques amis qui parlent votre langue : on se préserve ainsi du contact des imbéciles et l'on échappe même à une partie de leurs traquenards. Ghetto ou palais, c'est tout un. C'est toujours le vivier où l'on a le plus de chances d'attraper le bonheur. Le *Sudiste* se moque, comme dans la chanson, des *grands sentiments* et des *grands principes*. Le refus n'est pas un « mol oreiller » comme le doute, j'aimerais mieux aimer et servir : mais c'est une pierre sur laquelle on peut poser sa tête pour dormir. Et se faire une sorte de bonheur avec cela.

Stendhal s'est amusé à montrer que notre imagination peut fabriquer du bonheur entre les quatre murs d'une prison. Cet enseignement n'est pas toujours confirmé par la réalité : Stendhal admettait lui-même qu'il fallait des circonstances particulières. Les *Sudistes* pratiquent volontiers la réclusion du bonheur. C'est une conséquence de cette ségrégation qui est leur loi. Mais cette préférence nous indique encore autre chose. Le bonheur s'improvise et c'est un feu qui se contente de peu de bois. La qualité des êtres est une des conditions essentielles du bonheur : elle n'est pas la seule condition, mais elle est une matière sur laquelle on construit bien. La richesse n'importe pas autant qu'on le dit, ni la réussite. L'enclos par lequel on se protège, les grands vents peuvent le renverser. Mais quand la tempête n'emporte pas tout, il suffit qu'il nous défende contre les pensées et les sentiments qui portent la peste. Notre imagination est la reine des batailles. Elle peut arranger tous les intérieurs et n'a pas besoin de plaques d'or pour cela, elle fabrique de l'or. Cette alchimie va même plus loin, elle a le pouvoir de mépriser l'or des autres. C'est un des secrets de la santé que d'effacer pour soi ceux qui ne valent pas la peine qu'on se souvienne d'eux.

Le *Sudisme* peut conduire à une ségrégation, mais pas nécessairement : cela dépend des circonstances. Vivre conformément aux belles et solides lois de la vie, c'est s'épanouir. Car la vie n'est ni absurde, ni morne, ni écœurante, comme on a voulu nous le faire croire, elle ne provoque pas la nausée. Elle n'est pas un « enfer » au milieu des fantômes des « autres », ni un incompréhensible châtiment : elle est loyale, dure et saine, aveugle comme les plantes qui poussent, mais d'abord comme elles radieuse, et non pas châtiment, mais peut-être même récompense dont nous sommes libres d'user ou de mésuser, que les idées seules empoisonnent, car les idées engendrent la souffrance, la sottise, la haine, et ce sont les seuls fantômes. Les *Sudistes* ne sont pas enfermés dans un caveau sans fenêtres en face d'un bronze de Barbedienne : ils se promènent librement dans les vergers de l'abbaye de Thélème. Aux conditions toutefois que Rabelais avait dites : n'y recevoir que ceux qui « ont par nature un instinct et aguillon qui tousjours les poulse à faictz vertueux et retire de vice, lequel ilz nommaient honneur ». Il n'y a pas d'autre ségrégation, mais il y a celle-là. On n'est pas admis ou exclu de l'abbaye de Thélème, on n'entre pas chez les *Sudistes* comme dans un club : on se place de soi-même parmi ceux qui sentent en eux cette disposition généreuse et douce ou parmi ceux qui maudissent les hommes et la vie. Et cette prédestination donne d'emblée l'accord avec la vie et avec les choses et elle triomphe tout naturellement des poisons : mais on ne peut rien pour ceux qui ne portent pas ce signe et qui préfèrent s'empoisonner en respirant les vapeurs délétères des idéologies.

C'est une sottise de croire que cette ségrégation est sociale. Ce don d'amitié pour les êtres et pour les choses, il peut être dévolu à tous les hommes. La vraie bonté et la vraie culture sont une tournure d'esprit, une reconnaissance tacite d'une certaine grille de jugement, en un mot, un instinct commun. Pour exprimer ce son de l'âme, les plus ignorants ont un diapason aussi sûr que les plus savants. Très souvent des hommes du peuple, des artisans et des paysans encore plus, ont ce sentiment immédiat, cette appréhension intuitive de ce qui est juste et sain, qui est différent de ce qu'on appelle la morale, et même parfois la bafoue, et qui, d'autre part, admet très bien tout un bagage de préjugés, de faux jugements hérités des habitudes sociales, qui n'altèrent pas finalement la rectitude essentielle des réactions. Et par là on vérifie qu'ils appartiennent véritablement à une certaine race aristocratique ou plutôt à une variété saine et vigoureuse de la plante humaine, alors que beaucoup de membres de ce qu'on appelle socialement l'aristocratie ne sont plus que des plantes rabougries, étiolées par les poisons intellectuels de toutes sortes, minables, et, en dépit de leur culture et de leurs bonnes manières, pitoyables.

Cette communion des *Sudistes* engendre entre eux une sorte d'amitié instinctive, comme un langage secret. Elle a ses mots de passe, ses préférences, ses sonneries qui n'appellent que les initiés. Cette résonance perçue par tous, crée entre les *Sudistes* une fraternité immédiate. Même dans les épreuves, même dans les moments de découragement, les *Sudistes* vivent et se soutiennent de leur séparation même. Cette dévolution donne un sens à leur vie. Ce qu'ils sentent, ce qu'ils font n'est jamais inutile *à l'intérieur du monde sudiste*. Car Atlanta peut être rasée : il reste la communauté des cœurs, le même refus, la même âme, cette fraternité non écrite, non proclamée, non dogmatique, mais gravée en chacun de nous par cela seulement que nous sentons ce que nous sommes. Et ainsi le bonheur sudiste n'est pas seulement un refuge, mais il est un *milieu* dans lequel notre sensibilité se développe et se fortifie, et il dessine aussi des perspectives, il trace un horizon, qui n'est pas une illusion et un rêve, mais qui projette dans l'avenir la conviction profonde, biologique, des *Sudistes,* qu'une certaine race d'hommes ne peut disparaître sans que le plan de la nature soit mis en question tout entier.

Ces signes auxquels les *Sudistes* se reconnaissent, ils ne les aident pas seulement à être forts et à sentir comme une présence auprès d'eux cette solidarité qui naît de leur particularisme même. Dans la vie privée de chacun, cette amitié qui naît spontanément entre eux, que les circonstances et les affinités favorisent parfois jusqu'à en faire un terreau profond et riche dans lequel nos racines puisent les sucs précieux de l'affection et du bonheur, je ne sais si elles protègent de la souffrance et de la mort devant lesquelles l'homme est toujours seul finalement : peut-être, se combinant avec l'idée que les *Sudistes* se font de la vie, peuvent-elles nous aider à accepter la souffrance, la vieillesse, la mort, comme quelque chose de naturel, que notre destinée d'homme nous invite à considérer avec courage, et que l'affection et la confiance en ceux que nous aimons nous aident à affronter. Je voulais dire que, en somme, dans une certaine mesure, l'amitié, qu'elle soit l'amitié des hommes ou l'amitié de quelques-uns qu'on a choisis parmi eux, est un sentiment spécifiquement *sudiste*.

Le bonheur dans lequel se réfugient les *Sudistes* n'est pas nécessairement moral. J'ai déjà dit, je crois, que les *Sudistes* avaient leur propre code. Je pense là-dessus comme mon cher Stendhal qui prête une conduite peu convenable à monsignore Del Dongo, futur prélat. Il arrive même que l'opposition de certains *Sudistes* aux pharisiens installés aux places les amène à commettre des actions peu légales. Il ne faut pas beaucoup de discours, je pense, pour faire comprendre qu'on peut se rendre coupable de telles actions sans déroger à la loi qu'on s'est faite pour soi-même. Je veux seulement dire que les *Sudistes* ne rendent raison qu'aux *Sudistes*. Cette règle est sans exceptions.

Ces considérations nous ont un peu écarté de ce militaire râblé qu'un exégète catholique nous proposait pour modèle. Dans une note biographique qui accompagnait cet article, un rédacteur anonyme précisait que le général Dunoyer de Segonzac avait eu dix enfants.

Son panégyriste avait oublié ce trait, par lequel on peut voir que son héros avait obéi aux injonctions de la nature. C'est encore un trait *sudiste* d'accueillir avec une honnête joie les présents qui nous sont faits par la nature, bien qu'il ne soit pas indispensable, pour être *Sudiste,* d'être père de dix enfants.

De tous les efforts qui ont été faits pour dénaturer le cours naturel de la vie, les plus méritoires sont assurément ceux qui nous persuadent de n'avoir ni femme ni enfants. Ce conseil austère a été donné par des docteurs aussi différents que Lénine, Gide et Montherlant, et il est peu d'écrivains notables de notre temps qui ne le reprennent à leur compte. Lénine professait cette doctrine par système et Montherlant, plus raisonnablement, par respect de la dignité de mâle. Gide s'était dressé un Moloch de carton-pâte contre lequel il se battit toute sa vie à la manière de Don Quichotte contre ses moulins. Il lui avait manqué d'être interne au lycée de Châteauroux. Lénine, s'il avait vécu, aurait eu la surprise de voir son régime instituer des allocations familiales. Montherlant, qui est un admirable écrivain *sudiste,* ne voit en cette occasion que l'humiliation du mâle dans le mariage, il oublie la fierté du buffle à la tête de son troupeau, il aurait dû se faire musulman. Si l'on suivait ces docteurs, nous deviendrions des animaux à ponte annuelle et nous enfouirions nos œufs dans le sable chaud. Après quoi, nous jouirions de la complète autodétermination qui est injustement le privilège des tortues.

Je crois que le *Sudiste,* au contraire, aime son destin d'animal et ne s'y dérobe pas. C'est sa fierté, c'est son signe. Toutes les bêtes chassent pour leurs petits, toutes les bêtes attaquent le chasseur quand il s'approche de la tanière de leurs petits, et les bêtes crient comme nous quand elles les ont perdus. C'est à la taille de cette tanière que les hommes ont construit leurs maisons ou leurs cités. Ce sont des troupeaux de fils et de petits-fils qui furent les premières tribus. Et, en effet, on laisse du poil dans les halliers, et les vieux mâles sont pelés à la fin et même quelquefois abattus par les jeunes. Cela prouve seulement qu'un jour nos genoux molliront. Mais en attendant que notre carcasse pue et blanchisse quelque part, c'est nous-mêmes qui devons être la mesure de toutes choses au monde, et les choses qui dépendent des hommes, qu'elles se comptent en notre nom par des pas et des coudées. Les ponts et les gratte-ciel de nos ingénieurs, je veux bien les admirer, à condition qu'ils ne fassent pas de nous des fourmis se suivant en file par milliards sur la poussière de quelque désert. Au bout du « familles, je vous hais », il n'y a que cette poussière pendant des siècles de siècles. La liberté, pour quoi ? La liberté, pour qui ? Le trou solitaire qu'on nous offre ne vaut pas mieux qu'un caveau.

Que l'homme soit la mesure des choses n'est qu'une maxime d'architecte. Mais pour les *Sudistes,* elle est une définition de la vie. Ce sont nos sentiments mêmes qui doivent être ordonnés selon cet instinct de dévouement et selon cette même mesure. Les spéculations d'esthètes ne sont que des variantes de l'égoïsme : les actes d'amour qui s'adressent à toute l'humanité ne sont que des façons de se dérober à nos tâches prochaines. Tout cela, c'est de la fuite en avant. Que nos sentiments soient simples et ils resteront humains. Le lierre des pensées utopiques tapisse nos cervelles et il s'oppose au mouvement de notre propre sève. Penser chaque jour à « valoir » davantage de dollars ou construire la société socialiste en suivant les cours du soir du parti, c'est le même lavage de cerveaux, c'est en nous le même vide qui laisse la même déception et le même désespoir. Les architectes font de nous des fourmis dans leurs villes : mais il y a des architectes de l'âme, plus redoutables encore, qui font de nous des fourmis moralement. C'est notre âme qu'il détournent et canalisent, qu'ils *dénaturent*. Et ces pensées étrangères nous empêchent d'abord d'être nous-mêmes, mais finalement elles nous empêchent de vivre. Les *Sudistes* représentent cette part de l'espèce humaine qui veut vivre. Simplement vivre, respirer. Respirer quelque chose qui ne soit pas frelaté, fabriqué, un air propre, tel qu'il était au commencement du monde.

L'affection des enfants au père est *sudiste*, la douceur du commandement est *sudiste*, et aussi la confiance, le respect. La vieille civilisation chinoise était *sudiste*. Le plus grand philosophe *sudiste* fut Confucius qui croyait à l'ordre immuable de toutes choses. Les rites sont *sudistes*, ils sont les formes consacrées de la sagesse naturelle. Mahomet était *sudiste*, lui aussi, dans un langage plus rude, qui sentait le cheval et le cuir des harnais. Une fois de plus, nous le constatons, l'esprit *sudiste* ne s'est pas développé seulement dans l'Europe Occidentale. Les *Sudistes* sont une espèce d'hommes qu'on retrouve dans toutes les races et à travers tous les continents.

L'amour est *sudiste* : il est la forme de ségrégation la plus impertinente. L'érotisme est, au contraire, un produit des systèmes et de la falsification. Les femmes énergiques sont un produit *sudiste*. La nature a voulu que les femelles fussent vigoureuses : elles sont naturellement patientes et résistantes et portent volontiers des colis sur la tête. La mauviette, la femme qui a des vapeurs, la « poor little flower », sont des variétés étiolées créées par la civilisation urbaine. Les femmes peuvent conduire des tracteurs, décharger des bateaux, guider des trains de bois, et elles tirent au fusil aussi bien que n'importe qui, lorsqu'elle sont protégées par un sac de terre. Plusieurs expériences concluantes ont prouvé que ces exercices n'empêchent pas l'affection, bien qu'ils soient peu recommandés pendant les périodes de maternité.

Les *Sudistes* aiment que les femmes soient vraiment femmes et que les hommes soient vraiment hommes. Mais ils se passent en ces matières des conseils de la publicité.

La longueur des jupes et le port des fuseaux sont regardés comme peu importants par les *Sudistes*.

*

* *

Ai-je dit tout ce qu'il fallait dire sur les *Sudistes* ? Je n'en sais rien, je crains qu'il ne manque beaucoup de traits qu'un nomenclateur plus exact aurait recueillis. J'ai voulu seulement donner une certaine image des hommes vers qui me porte ma sympathie.

Les *Spartiates* et les *Sudistes* qui paraissent différents se ressemblent en plusieurs points. Les uns et les autres sont fidèles à un certain ordre de la cité, selon lequel l'essentiel n'est pas d'amasser, mais d'être libres, non de vendre, mais d'être soi ; pour eux, les hommes ont plus d'importance que l'économie et, parmi les hommes, la générosité et la qualité du cœur fixent les rangs ; ils adoptent instinctivement une définition biologique de l'homme, ils croient qu'il existe des lois fondamentales du développement de l'espèce qu'on ne peut transgresser impunément, que le respect de cette loi naturelle est le principe du bonheur et de la santé, que la richesse et la profusion sont des faux biens.

Cette manière de sentir explique peut-être l'opposition de la droite et de la gauche, qui a peu de sens en politique, mais qui met en lumière l'antinomie de deux tempéraments, source de conflits et de haines bien plus que les réformes mises en discussion. Les hommes de gauche ont une définition rationnelle et abstraite de l'homme et ils veulent ranger de force les hommes dans les rayonnages qu'ils ont préparés. Cette fureur de rendre les hommes heureux et parfaits selon leurs principes détruit leurs intentions les plus louables. Ils aiment sincèrement la liberté, mais ils sacrifient la liberté à l'égalité. Leur amour de l'égalité les oblige à contraindre, ils construisent une caserne pour l'imposer. Et comme il faut encore que les hommes soient frères à l'intérieur de cette caserne, ils leur extirpent leur conscience pour leur transfuser de force cette fraternité. Les hommes de droite n'ont pas de système, ils ne construisent pas la cité avec la règle et le compas. Ils prennent les hommes comme ils les trouvent, à l'endroit où ils ont poussé, en bottes inégales que la nature a formées et qu'il ne faut ni défaire ni pressurer : ils respectent la croissance naturelle des choses. Elle leur paraît injuste parfois, mais ils pensent qu'il n'est pas impossible de réparer ce mal. Car ils croient qu'il existe partout une *noblesse* parmi les hommes, appelant ainsi des hommes qui ont en leur cœur un certain instinct qui les pousse à la justice et à la générosité. Ils ont confiance en ces hommes, et ils pensent que la politique consiste à identifier cette élite et à lui confier la fonction de diriger les autres hommes. Leur but est de vivre selon les moules et dimensions que la nature a préparés pour les hommes et particulièrement pour chaque peuple, et dans lesquels chacun peut trouver sa place, si l'on ordonne avec bienveillance, bon sens et loyauté.

On est *Spartiates* ou on est *Sudistes*, selon les temps et les circonstances.

Sparte est un style que l'état d'urgence impose à une génération. Les *Sudistes* sont des éleveurs. Il y a quelque chose du patriarche en eux. Même dans leurs dévouements, ils ne se lèvent que pour sauver. Les *Spartiates* sont des chirurgiens. Ils savent qu'on ne peut plus attendre.

Mais, ne l'oublions pas, le *Spartiate* et le *Sudiste* sont en nous deux personnages différents, peut-être même deux personnages opposés. Ce n'est pas assez de dire que le *Spartiate* est en nous l'homme des crises, l'homme de l'énergie, éventuellement l'homme de la dureté, celui qui protège à n'importe quel prix le droit de se déterminer librement, en somme le droit d'être *Sudiste*, tandis que le *Sudiste* est l'homme de la gérance, de l'implantation, du tassement et pousse de toutes choses en une végétation, de la tolérance, celui qui n'exige rien, mais qui donne, celui qui s'excuse d'avoir été *Spartiate*. Ce n'est même pas assez de dire que le *Spartiate* est celui qui protège durement la liberté, qui impose durement la liberté, le Montagnard, en somme, tandis que le *Sudiste* qui est en nous symbolise l'aspiration de tous les hommes vers la liberté, la différence est plus profonde encore. Car le *Spartiate* est sûr de lui et le *Sudiste* ne l'est pas et ne peut pas l'être. Et au nom de sa certitude, le *Spartiate* peut devenir un idéologue, il risque d'oublier que l'exigence est pour lui et n'est que pour lui. La devise sur son ceinturon lui paraît tellement belle qu'il veut qu'elle soit inscrite sur le ventre de tous. Au moment où le *Spartiate*, oubliant que la phalange n'est que quelques-uns, veut que tout le peuple soit la phalange, à ce moment-là, il devient non seulement différent des *Sudistes*, mais il est même l'ennemi des *Sudistes*, il est, au profit de quelque dieu des combats et des nuées, cet idéologue qui prétend forcer la nature et qui n'apporte aux hommes que les malheurs que les chimères entraînent après elles.

Que le *Spartiate* en nous réponde donc à l'heure du péril, et même qu'il veille toujours en chacun de nous, qu'il soit prêt, comme dit le vieux sage de Chine dont je citais les paroles au commencement de ce livre, à « faire sa cuirasse de lames de fer et sa couche de peaux de bêtes sauvages », mais qu'il sache qu'il n'est là que pour protéger le *Sudiste* en nous, pour lui permettre d'être. Car finalement, ce qui importe, c'est que pousse librement la plante appelée homme et qu'elle ne soit pas trop rabougrie et chétive si c'est possible.

CHAPITRE V

AU ROYAUME D'UTOPIE

L e meilleur des États serait celui dont *Sparte* fournirait l'armure et les *Sudistes* la pensée. Il réaliserait ainsi l'État idéal que voulait instituer Richelieu, « un gant de fer sur une main de velours » et qu'il ne réalisa guère, car on ne sentit jamais que le gant de fer. Personne ne peut s'assurer qu'il serait plus heureux. Il n'est pas d'homme d'État sans doute qui ne se persuade qu'il veut le bonheur de son peuple : mais, presque toujours, il n'a le temps que de broyer sous son gant de fer. C'est pourtant la main de velours qui importe : car elle représente la fin qu'on veut atteindre, comme *Sparte* n'est qu'un moyen pour restituer la liberté et l'harmonie que les *Sudistes* se proposent.

Ce royaume d'Utopie qui combinerait les vertus de *Sparte* et les aspirations des *Sudistes,* on n'en peut décrire l'image idéale en construisant une de ces villes que les peintres du XVe siècle ont représentées au fond de leurs tableaux et qui rassemblent derrière les murs d'une seule cité toutes les coupoles et toutes les tours qui étaient célèbres dans la chrétienté, auxquelles le peintre ajoutait encore celles qui naissaient de son imagination. Car nous bâtissons sur quelque chose qui existe. Ni les *Spartiates* ni les *Sudistes* ne se proposent de raser nos villes et d'en élever de différentes sur le désert qu'ils auraient créé. Mais un esprit nouveau peut souffler sur le monde dans lequel nous vivons et le transformer. C'est d'une hygiène des cerveaux et d'une redistribution des pouvoirs dont nous avons besoin. Pourquoi ceindre la peau de bête des prophètes et invoquer les cataclysmes ? Il nous faut simplement un plan d'urbanisme et de l'air pur.

Ce qui caractérise la physionomie du monde moderne, c'est que deux idéologies différentes et en apparence opposées ont entraîné, par le développement hypertrophique de leurs structures, la même élimination de tout mode de vie individualiste et de toute véritable liberté. Avec des méthodes et des instruments d'appellation contraires, elles en arrivent toutes les deux à faire peser sur les hommes une pression dont l'intensité seule et le degré pour ainsi dire diffèrent, mais dont le but, les moyens et les points d'appui se répondent.

Toute révolution du XXe siècle doit donc être dirigée contre l'un et l'autre de ces deux systèmes parallèles. Et la description même des maux indique les points sur lesquels il faut chercher des remèdes. Le but est de redonner à chacun une véritable liberté et une véritable personnalité. Le moyen est de détruire les appareils d'endoctrinement ou de conditionnement. La méthode est de changer les mécanismes économiques et politiques qui servent de point d'appui à la dénaturation de l'homme, c'est-à-dire de contrôler l'emprise excessive de l'économie sur notre vie et d'éconduire les minorités dirigeantes qui la représentent.

De même que, dans les pays communistes, le premier objectif est la destruction de la dictature du parti, minorité qui décide de toutes choses, ainsi, dans les pays ploutocratiques, le premier objectif est la destruction de la toute-puissance de la minorité ploutocratique qui détient la direction réelle des affaires. Mais aussi, il importe de comprendre que, de même que tous les membres du parti, dans un pays communiste, ne sont pas inévitablement des fanatiques conscients de l'œuvre à laquelle ils sont associés, ainsi, dans un pays ploutocratique, les dirigeants économiques et leurs collaborateurs sont souvent des hommes qui ont des idées raisonnables et un désir sincère de justice et qui sont seulement entraînés et souvent contraints par les nécessités de la concurrence à participer à une politique et à une économie qu'ils n'approuvent pas. Ce sont donc les mécanismes contraignants qu'il faut repérer d'abord dans une ploutocratie. Et c'est ensuite seulement qu'il faut s'en prendre aux hommes, en distinguant soigneusement ceux qui ne pouvaient agir autrement dans le type de société dans lequel ils ont eu à prendre des responsabilités et ceux qui se sont placés d'eux-mêmes et hystériquement à la tête de la ruée vers le mercantilisme, le profit et la cupidité.

Or, nous devons percevoir clairement ce principe, fort impopulaire dans tous les pays occidentaux : *le libéralisme économique, c'est-à-dire l'acceptation des lois de la concurrence sur le marché mondial, est à l'origine de la plupart des maux de la civilisation moderne*. On ne peut créer une civilisation européenne sans qu'il y ait d'abord un marché fermé « européen ». La fermeture la plus stricte des frontières de l'Europe devant les produits, les affairistes et les idées de l'étranger est la base indispensable de toute construction de l'avenir. Si nous nous y refusons, l'Europe, quoi qu'on dise, quoi qu'on fasse, n'a pas d'autre destinée que d'être un État satellite de l'Amérique, et, si l'Amérique nous abandonne un jour, un État satellite de la Russie soviétique.

Au contraire, le protectionnisme européen est la condition primordiale de tout changement dans nos structures, dans nos méthodes, dans notre mentalité. Si nous voulons nous débarrasser des maux du gigantisme et de la hantise de la monnaie et des prix, il faut d'abord se débarrasser de la hantise de vendre, de vendre à tout prix, de vendre sous peine de mort, moins cher que l'Américain, moins cher que l'Anglais, moins cher que l'Allemand, moins cher que le Japonais. On ne peut rien remettre à l'échelle humaine, sans disposer d'abord d'un terrain à l'échelle humaine. On ne peut rien reconstruire sous la pression de la crise, de la catastrophe, de la mévente. Il faut regarder autre chose dans la vie que le bilan mensuel des exportations. Ce qui ne veut pas dire qu'il ne faut pas exporter ni importer. Mais c'est à l'État qu'il appartient, en fonction des objectifs supérieurs qu'il s'est fixés, d'admettre des *trocs* avec l'étranger qui se substituent à l'anarchie fructueuse de l'import-export. Ce système est si peu chimérique qu'il a été employé avec succès par l'Allemagne d'avant-guerre, sous la direction du seul économiste de génie que l'Europe ait connu depuis cinquante ans.

C'est seulement après avoir assuré par cette mesure les conditions mêmes de toute révolution structurelle en Europe qu'on pourra s'attaquer aux autres problèmes qui sont, soit de structure, soit de personnes. Ces problèmes sont si urgents que le gouvernement français s'est décidé à en rechercher la solution sous le nom singulier de *participation* : vocabulaire qui avoue que, dans les démocraties modernes, le peuple ne participait pas à la conduite des affaires. Le bavardage auquel on se livre de tous côtés autour de ce synonyme moderne du terme de démocratie empêche la plupart des gens d'avoir des idées claires sur ce sujet. Or l'apparition de ce mot constate en fait l'échec des mécanismes de la démocratie politique dans les États modernes soumis à la primauté de l'économique : ce qu'on propose sous le nom de participation, c'est donc, en réalité, le remplacement des courroies de transmission usées et flasques de la démocratie par un nouveau système d'association de la *base* aux décisions économiques qui conditionnent en fait son existence.

Ce transfert du politique à l'économique et de l'électorat au syndicalisme est une opération vaste et ambitieuse. Elle exige des réflexions qui n'ont pas toutes été faites, en particulier la constatation que le pouvoir dans les États modernes est en grande partie de nature économique et non plus de nature politique, et elle entraîne par conséquent une acceptation ou un refus de cette évolution fondamentale. Elle exige, en outre, une condition préalable dont personne ne paraît se soucier : la transformation du syndicalisme actuel, politisé, carriériste, malhonnête en de nombreux cas, privé de représentativité presque toujours, en un syndicalisme apolitique, représentatif, probe, contrôlé, qu'on ne peut obtenir que par une participation générale aux élections syndicales et par une constatation honnête des résultats. Elle exige encore qu'on renonce à appliquer la même législation à des objets d'une taille et d'un caractère différents, et qu'on se résigne enfin à inventer, comme les jardiniers, des traitements différents pour des produits de nature différente et à ne pas se servir du même outillage pour les carrés de fraisiers et pour les forêts.

Sous ces diverses conditions, le transfert de la démocratie à la participation nous rapproche en effet d'un mécanisme à l'échelle humaine et conforme à la nature des choses. Car l'homme n'est pas un « citoyen », c'est là une notion abstraite, chimérique et ridicule, mais tout homme a un métier et, par conséquent, des intérêts professionnels et une certaine connaissance de ce qu'on appelait autrefois « sa partie ». L'association étroite et loyale d'une représentation syndicale honnête aux problèmes et aux décisions d'une branche professionnelle est une des conditions du fonctionnement juste et sain d'un organisme de production. La collaboration, dans un même secteur, entre les représentants des patrons, ceux des cadres et ceux des employés et ouvriers n'est rien d'autre que la résurrection des anciennes structures corporatives qui étaient des structures naturelles et spontanées. Cette collaboration peut être reconnue officiellement et l'organisme correspondant devrait être dès lors constitué en échelon de décision et pourvu d'un pouvoir de réglementation et de législation dans son secteur. Le danger est la formation d'une couche de technocrates des syndicats décidant de concert avec les technocrates du patronat sur des rébus inintelligibles pour la base. Mais cette difficulté ne se produit qu'au moment où de puissantes unités économiques interviennent dans le débat : et il appartient alors à l'État, comme nous allons l'expliquer, d'imposer son arbitrage et, par conséquent, sa volonté, qui est de nature politique, chaque fois que les mastodontes de l'économie menacent d'annexer à leur profit, par l'intermédiaire des technocrates, un secteur professionnel tout entier.

La participation à la gestion de l'entreprise elle-même soulève des problèmes qu'on ne peut résoudre que par un recours à l'ordre naturel qui doit être notre guide en toutes choses. Toute entreprise doit être dirigée, elle est un organisme qui ne peut se passer d'un cerveau et qui ne peut ignorer non plus les lois de son développement. Aucun esprit raisonnable ne peut donc accepter que la direction d'une entreprise échappe au chef qui en est responsable. Lui seul est apte à faire les choix qui commandent l'avenir, à agrandir et à risquer, à conduire selon son expérience et son instinct. L'initiative individuelle, loin d'être freinée et stérilisée par une fiscalité tatillonne et paralysante, devrait être, au contraire, encouragée et récompensée : elle est la sève de toute prospérité, elle est le sang le plus précieux qui puisse irriguer l'organisme économique et elle doit être, à ce titre, protégée comme l'élément le plus sain et le plus fécond de la production. Le personnel ne peut donc être associé aux décisions majeures de gestion qui sont la prérogative de la direction. Mais dans les entreprises dont la taille le permet, tous ceux qui ont donné leur travail, leur temps, leurs efforts pour construire une affaire avec le promoteur doivent être associés à la fois à l'administration de la firme dont ils font partie et à sa prospérité. Ces prétentions sont si peu révolutionnaires qu'elles ont été réalisées spontanément en beaucoup de cas.

Il est tout naturel que le personnel soit associé à l'administration, dès que la notion gratuite et arbitraire de *lutte des classes* cesse d'inspirer l'action des uns et des autres. Il est tout aussi naturel que ceux qui participent à la production participent aussi aux résultats de la production : mais ils doivent accepter alors les inégalités de la production et des résultats comme les capitalistes les acceptent eux-mêmes. L'attribution d'actions à tous les collaborateurs de l'entreprise, telle qu'elle est pratiquée chez Chrysler par exemple, et dans un certain nombre de firmes françaises, permet de faire partager à tous les profits et, comme il est juste, les pertes, et même, au titre d'actionnaires, les différents groupes de l'entreprise peuvent être représentés dans les conseils où est élaborée la gestion. Ce sont là des solutions simples, banales, mais qu'on ne peut guère outrepasser sans tomber dans la pure rêverie.

Il n'en est pas de même des entreprises gigantesques et apatrides qu'on appelle des trusts. Bien que, sous la pression des circonstances, quelques mesures, rarement appliquées, aient été prises dans certains pays pour limiter la puissance des trusts, en fait, on constate sur ce point une lacune et même une inadaptation de notre système législatif. Un des traits de la législation moderne, particulièrement sensible en France, est son universalité rigide et son caractère strictement qualitatif. Par là, notre législation n'est pas adaptée au monde moderne : elle est désarmée contre les formes gigantesques de production, parce qu'elle refuse trop souvent de les distinguer des autres et de leur appliquer une surveillance et des sanctions correspondant à leur caractère.

Les trusts qui monopolisent et commandent certains secteurs de la production devraient être soumis à un code et même à une juridiction spéciale, d'une part parce qu'ils sont redoutables en raison de leur puissance, d'autre part parce qu'ils empiètent sur des domaines de gestion de la nation et de l'État. De même que les grands féodaux, que les gouverneurs de province et les commandants d'armées dépendaient directement du roi et rendaient compte devant des cours spéciales, les mastodontes économiques du monde moderne, souvent télécommandés de l'étranger, doivent rendre compte directement au pouvoir et leurs abus de puissance doivent pouvoir être réprimés par des juridictions d'exception, promptes et fermes, qui correspondent à leur position également exceptionnelle dans la vie et l'économie de la nation.

Le pouvoir économique n'est pas séparable du pouvoir politique : dans le monde moderne, il empiète sur lui. Or, le pouvoir, dans un État moderne, ne peut accepter que des quartiers entiers de la puissance lui échappent et soient manipulés par des états-majors étrangers ou dépendant de l'étranger. Tout trust, toute puissance économique gigantesque, en tant qu'elles agissent sur le territoire, devraient donc être regardés comme opérant à leur profit, dans un secteur particulier, une distraction du pouvoir et de la richesse nationale. Il est possible qu'il soit avantageux de les tolérer : mais ils ne peuvent être que tolérés. En tant qu'empiétements sur le pouvoir, ils devraient être essentiellement précaires et provisoires Au-dessus d'eux s'étend le bras séculier et rien ne doit les protéger contre les mesures, quelles qu'elles soient, que peut prendre le droit séculier, sinon un contrat librement débattu, toujours révocable et qui ne peut avoir comme caractère que celui d'une location de puissance à puissance. Tout trust n'existe ou, du moins, ne devrait exister qu'en vertu d'un bail. Un État véritable ne doit rien abdiquer de son autorité naturelle sur les organismes exploitants que la commodité ou l'intérêt des deux parties peut rendre acceptable.

La même distinction juridique devrait s'appliquer aux entreprises productrices et à celles qui ont un caractère purement spéculatif. L'ordre naturel des choses a constamment amené les souverains d'autrefois à traiter diversement les entreprises créatrices de richesses et d'emplois et la manipulation usuraire des capitaux. Les premières étaient soigneusement protégées, la seconde était regardée avec suspicion. Il est fâcheux que nous ayons laissé tomber cette distinction en désuétude : et même qu'un des caractères de l'économie moderne soit qu'à partir d'une certaine taille des entreprises, il est difficile de discerner leur activité productrice et bénéfique de leur activité mercantile et abusive. Une législation et une juridiction spéciales devraient donc exister également pour toutes les activités relevant de l'usure, de la spéculation, et des modes divers d'enrichissement fondés sur le transfert des marchandises et des biens. Cette législation et cette juridiction, contrairement à nos habitudes, ne devraient pas seulement établir la qualification de certaines opérations et la sanctionner, elles devraient essentiellement se préoccuper de la *taille* des opérations ainsi faites et qualifier différemment selon cette *taille*. Il est vexatoire de persécuter un malheureux qui a vendu avec bénéfice un terrain que son grand-père avait acheté. En revanche, il est légitime de frapper de lourdes peines les spéculateurs professionnels qui amassent d'immenses fortunes en opérant sur des zones réservées après s'être assuré la complicité des hauts fonctionnaires et des ministres. Nos lois devraient considérer ces deux actions, identiques dans leur principe, comme différentes en fait : car l'une n'est qu'un acte individuel qui n'importe pas à l'État et ne trouble pas l'ordre naturel, tandis que l'autre est une activité habituelle, abusive et mercantile qui n'est qu'une forme déguisée du vol aux dépens de la collectivité.

Les modifications qu'on peut apporter au fonctionnement de l'économie capitaliste n'ont pas pour résultat de poursuivre une égalité qui n'est pas dans la nature des choses, et qui n'a pu être réalisée nulle part, même dans les régimes communistes. Elles devraient avoir seulement pour objet de rétablir l'autorité de l'État. En recherchant le renversement des rapports actuels entre le politique et l'économique, on rétablira la primauté naturelle du politique sur l'économique. Et par conséquent, on acclimatera dans les esprits cette idée qui a peu à peu disparu parmi nous qu'il y a des forces plus importantes que les forces économiques, des impératifs plus importants que les impératifs économiques, que l'argent ne doit donner qu'un pouvoir limité dans des secteurs limités, et qu'il est au-dessus de l'économique et de toutes les « puissances d'argent », une « puissance de l'épée » qui, dans tout État ordonné, doit avoir le dernier mot.

Notre législation, nos juridictions, nos organismes de surveillance, sont des instruments archaïques qui ne tiennent pas compte de la métamorphose continuelle des abus, des empiétements et des prévarications. L'immense développement de la concussion, plaque tournante de toutes les grandes opérations spéculatives, la puissance illégitime acquise aux dépens de l'État par certains particuliers, ne rencontrent aucun système de répression cohérent et énergique. Dans un État ayant reconnu le transfert du pouvoir du politique à l'économique et mesurant le danger de ce transfert, un organisme important du gouvernement devrait être une police financière, prompte, énergique, assez profondément doctrinaire pour être incorruptible, équipée pour réprimer avec vigueur les formes supérieures et mondaines du vol et de l'escroquerie. Contrairement à nos polyvalents qui s'acharnent sur des merciers, cette police ne devrait avoir le droit d'intervention qu'à partir d'un chiffre élevé de manipulations. Mais, en revanche, elle devrait aboutir à des juridictions d'exception, aussi rigoureuses qu'elle-même, cours martiales du « pouvoir civil » chargées de rappeler constamment aux « puissances d'argent » apatrides qu'il existe au-dessus d'elles une puissance de l'État.

Je ne me dissimule pas le caractère utopique d'une telle prétention. Il faudrait d'abord que les ministres ne participent pas, directement ou par leurs familles ou leurs hommes de paille, aux opérations qu'il s'agit de poursuivre. Pour que ce dernier résultat soit atteint, il faudrait une véritable révolution dans la politique, dans les mœurs et dans le choix des personnes. Ce changement est possible sous un prince : les « chambres ardentes » de la royauté n'étaient pas autre chose que ce lessivage périodique par l'arbitraire et l'énergie. Mais dans un régime où le pouvoir politique est dilué, et, en dépit des apparences, inconstant, ce changement de personnes et d'esprit est effectivement une révolution. Car toute l'ivraie est enchevêtrée. Dans un système de ploutocratie apatride, on ne peut pas toucher aux riches sans toucher aussi aux puissants. Il est vain d'en appeler aux uns contre les autres. Si l'on veut que la richesse spéculative, acquise sans justification, soit une présomption de culpabilité, c'est tout le terreau social de ce qu'on appelle « la grande bourgeoisie » qu'il faut détruire : et puisqu'un prince ne peut le faire, c'est des événements qu'il faut s'aider pour remplacer cette élite frauduleuse et usurpatrice par une élite entièrement nouvelle.

Cette autorité de l'État est une garantie pour tous bien plus solide qu'un chimérique socialisme. L'autorité de l'État est le socle de toute justice, mais elle n'est pas cette justice même. Cette « main » au bout du sceptre, par laquelle on l'a symbolisée, n'exprime qu'une intention. Je ne crois pas que les hommes puissent prétendre à rien de plus, puisque l'expérience la plus radicale du socialisme égalitaire n'a pu assurer ni le règne de la justice, ni celui de l'égalité. Au moins, en domptant ou en imposant notre allure au monstre qui chez nous secrète les formes décentes de l'esclavage, pouvons-nous concevoir l'espoir de ramener à *l'échelle humaine* les conditions de la production, soit en favorisant les entreprises qui par leur nature même respectent cette proportion, soit en contraignant les autres à se soumettre aux mesures que le pouvoir estimera appropriées à ce résultat.

Ce qu'on appelle les « petites et moyennes entreprises », au lieu de les brimer, de les décourager, de les accabler, avec l'intention secrète de les faire disparaître, il faudrait, au contraire, les protéger, les délester et leur permettre de se développer librement. Car elles sont, à la fois, des entreprises capables de participer efficacement, sous certaines conditions, à la production en grandes séries, et, par leur taille, des ensembles dans lesquels se trouvent réunies des conditions de travail qui permettent à chacun de *s'intéresser*, et non seulement *d'être intéressé*, au travail qu'il accomplit chaque jour : c'est-à-dire de se sentir *chez lui* dans l'entreprise à laquelle il donne son temps, d'en connaître les rouages, les dirigeants, les difficultés et les avantages, et de *participer* comme on dit, non seulement comme partie prenante, mais de cœur et d'apparentement, et comme si l'entreprise était son village et son canton, de ne plus se laisser prendre son existence, sans savoir pourquoi, sans savoir comment, mais d'avoir le sentiment d'avoir appartenu à une communauté, de s'y être trouvé raisonnablement heureux, d'y avoir été honnêtement traité, d'avoir en somme dans son travail une sorte de patrie et presque de refuge, un « milieu » qui lui est familier et auquel il se sent adapté.

La vie économique qui est ainsi décrite est le contraire même de l'effort continu que décrivent Jean-Jacques Servan-Schreiber et les techniciens dont il s'inspire, laquelle vise à voir toujours plus grand, à exporter toujours davantage, à baisser de quelques centimes le prix de revient final, pour « battre » les autres, être « mieux placé » qu'eux, enfin « vendre, vendre, vendre », vendre ou mourir, vendre ou être asphyxié. Elle est le contraire également d'une conception mercantile de l'Europe qui ne veut réaliser l'union entre les nations que pour « américaniser » l'Europe, rivaliser avec l'Amérique sur son propre terrain, et la devancer en somme par le gigantisme et l'éternelle compétition, c'est-à-dire en définitive sur une route au bout de laquelle on n'aperçoit que des crises dues à cette concurrence à mort, et, au-delà de ces crises ou dans ces crises même, la catastrophe et l'anarchie. Mais on oublie ou l'on feint de ne pas voir que l'unité économique et politique de l'Europe peut se traduire par une ambition beaucoup plus féconde que celle de participer, difficilement, on nous en avertit, à une course insensée. Une Europe appuyée sur une partie des pays africains, et spécialement sur les pays arabes, possède une économie qui se suffit elle-même. Elle est donc libre de régler sa propre production, d'établir un équilibre entre ses prix et ses salaires, elle est libre de ne pas exporter, elle est libre de ne pas participer au jeu mortel et vain de la concurrence mondiale.

Il est faux que cette décision la condamne à une

économie rétrograde et paresseuse. Le gigantisme n'est pas indispensable pour maintenir des prix justes et assurer une production abondante. Les recherches scientifiques qui sont à l'origine du progrès technique, un État maître de l'économie est mieux placé pour les financer et les diriger qu'une concurrence anarchique. Les États autoritaires nous en ont fourni la preuve dans le passé. Pour la même raison, une économie planifiée et dirigée par l'État règle plus précisément le nombre des techniciens qui sont nécessaires pour l'application des inventions. Une direction autoritaire équipera une nation moderne et maintiendra son avance technique en faisant respecter ses hiérarchies et ses plans, plus sûrement qu'en exhortant des particuliers qui ne suivent que leur intérêt.

Les entreprises européennes sont handicapées actuellement par la masse des brevets que détient l'industrie américaine. Mais cette exclusivité des brevets peut être remise en question par un effort de recherche scientifique auquel les cadres supérieurs européens sont particulièrement aptes. Elle est de plus, en beaucoup de matières, une affaire de conventions. Rien n'est plus confus et suspect que notre législation actuelle des brevets. Rien n'est plus arbitraire aussi, puisque cette forme spéciale de propriété est ignorée en cas de guerre et qu'elle est soumise à un pillage exhaustif en cas de défaite. Un État décidé à défendre son indépendance économique a certainement d'excellentes raisons de ne pas supporter passivement des règles établies à son seul profit par le capitalisme international.

Il y a donc toute une économie nouvelle à tirer de la perspective européenne. Mais cette économie est inséparable d'une idée de la civilisation. Accepter, comme le font Servan-Schreiber et beaucoup d'autres, que l'Europe n'accède au rang de puissance mondiale que pour imiter ce que font les États-Unis, c'est ignorer le problème et refuser même de le poser, c'est fermer les yeux sur l'horizon de l'avenir pour ne regarder que les routes du passé, c'est déposer les armes sans avoir même songé à combattre. Le gigantisme engendre souvent une anarchie, une complexité, et finalement des pertes d'énergie, dont on n'imagine l'étendue et la gravité que lorsqu'on a pu en étudier quelques exemples. L'économie libérale et la conquête frénétique des marchés ne représentent pas, comme on le croit, l'avenir, l'expansion et la prospérité indéfinie : elles se réfèrent à une vision de l'économie habituelle et paresseuse, à une conception de la production anarchique, rétrograde sous les apparences du progrès et, de l'aveu même de ses partisans, aujourd'hui dépassée, puisque, dans tous leurs projets d'avenir, ils injectent à cette économie libérale, pour qu'elle survive, des doses massives d'un dirigisme inéluctable, et d'un protectionnisme réanimateur.

L'indépendance de l'Europe est un mot qui n'a de sens que si cette indépendance est économique, aussi bien que politique. Qu'est-ce qu'une indépendance économique, si nous nous refusons à dire : « Nous n'avons pas la même idée que vous de l'économie mondiale, nous n'avons pas la même idée que vous du bonheur de l'homme et de son avenir, nous n'avons pas la même idée du progrès, ni la même idée de la justice, et nous agissons conformément à *notre idée* » ?

La véritable mission de l'Europe, sachons nous en convaincre n'est pas seulement d'être une troisième force, c'est aussi, c'est surtout, d'être une troisième civilisation. Et même, il n'y a pas de troisième force véritable, si cette troisième force n'est pas *porteuse* d'une troisième vision du monde, comme les deux blocs opposés sont porteurs d'une vision opposée de l'avenir qui est un élément de leur puissance aussi important et aussi fécond, plus important et plus fécond même, que leur réussite matérielle. Or, toute civilisation a besoin d'un berceau. Toutes les civilisations se sont d'abord définies et affermies sur une aire géographique limitée, et c'est les résultats qu'elles ont obtenus sur ce champ d'expérience circonscrit qui a fait leur prestige, leur influence et finalement qui les a imposées. Si la vieille Europe peut encore dégager une idée neuve de l'avenir, elle ne peut faire autrement que d'affirmer cette idée, la réaliser et la mettre en lumière sur son sol même et par ses propres moyens. Qu'elle le veuille ou non, elle se repliera sur elle-même pour être elle-même. Si elle s'y refuse, si elle renonce *à porter* et *à représenter* une idée de l'homme qui lui soit propre, son histoire et non plus seulement l'histoire de nos propres pays, est terminée : elle ne sera plus qu'une péninsule ou une tête de pont.

*

* *

La base de notre vie étant ainsi transformée par la mise au second plan de l'économique et la primauté du politique sur l'économique, il importe de ne pas laisser subsister les pédoncules monstrueux, la végétation envahissante et insensée que la croissance anarchique de l'économique a engendrés et qui sont aujourd'hui comme les tentacules par lesquels l'économique étend partout sa puissance. L'ensemble des *mass media,* publicité et presse, est une sorte de gigantesque forêt vierge du mensonge et de l'imposture qui étend ses lianes inextricables au-dessus de l'humanité tout entière et qui nous empêche de recevoir la plus petite parcelle de vrai soleil et de vraie lumière. Nous vivons sous cette lumière artificielle, nous nous en nourrissons, elle nous entoure de toutes parts comme si nous étions les habitants d'une ville souterraine. Les *mass media* nous conditionnent, ils font de nous des esclaves, ils nous fabriquent des désirs, ils nous imposent des décors, ils nous transforment de force en clients ou en prosélytes, ils entonnent dans des millions et des millions de bouches l'eau fétide du grand fleuve *Vendre-Vendre-Vendre*. Ils nous volent notre vie et notre âme, même quand ils feignent de respecter notre liberté. Ils sont, sous toutes leurs formes, un des agents les plus efficaces de la dénaturation de l'homme.

Il ne peut être question de supprimer du jour au lendemain la publicité. Nous sommes trop englués dans les lianes et la vase de la civilisation industrielle pour espérer en sortir tout d'un coup, nus et joyeux dans la lumière : même une révolution brutale mettrait des années à accomplir ce décapage. Mais nous pouvons progressivement imposer des limites et des normes à cette prolifération anarchique et nous débarrasser d'une partie au moins de sa nocivité.

Le principe duquel il faudrait partir pour imaginer des solutions est une vérité aujourd'hui profondément méconnue et dont la proclamation est pourtant profondément nécessaire : la cervelle et la volonté d'une population, les millions de cervelles et les millions de volontés des hommes qui composent une population, ne sont pas plus que la rue et la terre une propriété banale sur laquelle n'importe qui peut s'installer, un des devoirs étroits de l'État est de les protéger et de leur maintenir leur caractère de propriété privée. Ce principe est valable à l'égard de toute méthode de débarquement et d'intrusion, qu'elle soit propagande ou publicité. Il s'agit toujours d'une usurpation : et cette usurpation n'est pas seulement un abus, elle peut être un danger grave à la fois pour l'individu et pour l'État.

Toute forme de débarquement et d'intrusion dans les

consciences doit donc être l'objet, premièrement d'une *autorisation,* quand on s'est assuré qu'elle n'a pas de caractère nocif, deuxièmement d'une *redevance,* car elle est l'utilisation d'un terrain. Car il n'est pas plus normal de se servir des consciences pour y déposer des œufs que de la rue pour y garer sa voiture ou d'un champ pour y construire un hangar. C'est l'envers de la liberté d'expression. Nous admettons sans difficultés que la liberté individuelle a pour limite la ligne à partir de laquelle elle empiète sur la liberté d'autrui. La liberté d'expression, de propagande et de publicité a les mêmes bornes. Mais ces bornes sont plus difficiles à déterminer parce qu'elles sont moins visibles.

Or, *autoriser* la publicité, c'est en déterminer le tonnage, le débit et l'application, afin de protéger le public contre lui-même. Le premier résultat à atteindre, c'est de diminuer, puis de faire disparaître le caractère obsessionnel de la publicité, c'est-à-dire d'obtenir, contrairement à ce que rêvent tous les publicitaires, que le public soit *libre de ne pas voir la publicité.* Car c'est le premier droit qu'on peut réclamer pour l'homme de la rue, pour lui restituer un peu de sa liberté originelle. S'il désire être atteint par la publicité, qu'il ouvre sa porte mais s'il ne le désire pas, qu'il ait la possibilité de la tenir fermée. Un autre résultat à rechercher, c'est de protéger le public contre les diverses incitations à la futilité, qui finalement ne sont que des formes discrètes du « vol à la tire ». Si l'on peut regarder comme utile de présenter honnêtement à l'acheteur les caractéristiques d'un frigidaire ou d'une camionnette, il est assurément plus spéculatif d'occuper son attention par les mérites d'un soutien-gorge ou d'une marque de caramels. Enfin, la qualité même de la publicité, sa « probité », si l'on a le droit d'employer ce terme pour une activité essentiellement fallacieuse, sont des exigences si évidentes que les professionnels de la publicité y ont pensé eux-mêmes et ont organisé des bureaux de vérification afin d'éviter les plaintes des victimes. Ces diverses mesures élémentaires, préalables, pour ainsi dire, sont simples, elles sont seulement de discipline : mais elles sont si étendues et en même temps si urgentes qu'il est peu vraisemblable qu'elles puissent être réalisées sans un contrôle à peu près complet de l'État sur toutes les activités publicitaires.

Quant à la *redevance* qu'on est en droit d'exiger pour l'utilisation du domaine le plus fructueux, d'un rapport incommensurablement plus grand que la rue dont les automobilistes abusent ou les terrains que la loi protège, c'est évidemment un des plus remarquables scandales de notre temps que la quasi immunité fiscale de la publicité. Cet usage qui se définit, en réalité, comme une location, est totalement ignoré en tant que tel. Car on loue en publicité les *emplacements,* alors qu'on devrait louer *l'usage* qu'on fait du public, le droit de l'importuner. Les timides taxes qui effleurent la publicité l'atteignent comme une « prestation de service ». C'est un étrange abus de mots : l'activité publicitaire est une de celles qui se définissent le plus clairement non comme un service, mais comme une usurpation. Ces taxes de fonctionnement devraient s'ajouter, en réalité, à un prix d'entrée sur le champ de courses du public, à la *location des consciences* qui est l'acte originel grâce auquel la publicité existe. Ce sont des centaines de milliards qui échappent abusivement à l'État : la seule institution d'une base juridique de l'activité publicitaire permettrait probablement un allégement substantiel sur tous les autres secteurs fiscaux.

Ce ne sont là, répétons-le, que des mesures de début, et telles qu'on peut les concevoir raisonnablement avec la pensée d'éviter un traumatisme de l'économie. L'objectif n'est pas seulement de diminuer le caractère obsessionnel de la publicité, c'est de la faire disparaître totalement : il faut réduire la publicité à n'être plus que la présentation sobre et loyale des produits qui existent ou qui apparaissent sur le marché. Elle ne devrait être qu'une exposition permanente qui ne dérange personne, qu'on visite ou qu'on ne visite pas. Elle ne doit pas être l'instrument de la vente, car c'est la *qualité* qui doit déterminer la vente : et chacun de nous devrait se sentir insulté par l'affirmation partout répétée que c'est le chiffre du budget publicitaire qui détermine la promotion des ventes. Car c'est à notre choix que ce privilège devrait être laissé et le succès commercial, dans une société saine, ne devrait pas être autre chose que la récompense de l'honnêteté du fabricant et de la supériorité de ses produits.

La puissance illégitime que confère la gestion des budgets de publicité est un autre sujet de préoccupation, mais secondaire. Les propriétaires des quotidiens et des grands hebdomadaires ont osé affirmer, à propos de l'introduction de la publicité à la télévision, qu'aucun organe de presse ne pouvait survivre, si on lui supprimait, ou seulement si l'on réduisait, sa publicité. Cet aveu sans détours revient à reconnaître qu'aucun organe de presse ne peut être indifférent à l'opinion des importants distributeurs qui ont le pouvoir de réduire ou de tarir ses ressources publicitaires. C'est un exemple de plus de ces libertés qui rongent et amenuisent les autres libertés. Un pouvoir illégal, incontrôlé, ne représentant rien d'autre que la puissance et l'insolence de l'argent, a donc le privilège de peser sur l'orientation de la grande presse, d'édulcorer ses commentaires et même sa présentation des nouvelles, d'imposer le silence sur certains sujets, d'interrompre ou d'interdire certaines campagnes, de favoriser certaines carrières ou réputations ou d'en entraver d'autres. Ces faits sont bien connus dans les milieux qui sont instruits du mécanisme réel de l'information. Il importe que le public les connaisse également et qu'il se persuade qu'à l'heure actuelle, dans tous les pays d'Europe, en raison de la dépendance des journaux à l'égard de la publicité, entre autres causes, la liberté de la presse est souvent un leurre.

Ce contrôle illégal et, pour ainsi dire, cette annexion de la presse par la publicité ne sont, je le répète, qu'un effet secondaire, un détail dans le tableau clinique de la distorsion continuelle et systématique que la publicité fait subir à tout notre système de valeurs. La publicité crée des besoins, mais ces besoins sont, pour beaucoup de gens, de ceux qu'on ne peut pas satisfaire, et en même temps ils sont factices. Elle fait passer devant leurs yeux le spectacle scintillant d'une vie fausse, d'une fausse richesse, d'un faux bonheur, mais auquel ils se sentent frustrés de ne pas participer. Elle les fait haleter comme des chiens. Elle peint sur un écran perpétuel la pâtée des riches, mais ce n'est qu'un écran, une image, il est interdit de toucher à la pâtée des riches. Et cette pâtée succulente, toute juteuse, elle est tellement belle, elle est tellement désirable qu'ils donneraient leur vie pour l'avoir, oubliant que le vrai bonheur n'est pas cette pâtée, mais quelque chose d'infiniment plus simple, dont la publicité ne leur parle jamais parce que ce n'est pas *son intérêt* et qu'elle cherche même à effacer de leurs âmes parce qu'alors ils ne seraient pas de *bons clients* : ils ne seraient même pas des clients du tout.

Ainsi elle provoque et elle exacerbe une fièvre, qui n'était pas en nous, qui n'est pas nous, qui est seulement une maladie inoculée : mais le résultat de cette maladie, c'est la conviction qu'il est nécessaire *d'avoir de l'argent*, que rien n'est au-dessus de l'argent qui donne toutes ces belles choses, qui ouvre ce paradis terrestre accessible sur la terre même, et que, par conséquent, *l'argent* est le dieu, le seul dieu, ce « veau d'or » auquel on élevait autrefois des autels ; que la hiérarchie des valeurs et des hommes, est alors celle que ce culte établit ; qu'au sommet de la pyramide des hommes, il y a les prêtres du veau d'or, et ensuite, ceux qui s'en approchent plus ou moins, qui en sont les lévites et les serviteurs, et qui ont part, à ce titre, à ce paradis terrestre que la publicité nous fait miroiter à chaque instant ; et que, par conséquent, les plus beaux des hommes sont ceux qui s'enrichissent, donc ceux qui vendent : et ainsi le résultat de la publicité, c'est qu'elle est le véhicule le plus puissant de cette idée fausse, destructrice de toute civilisation, que le demi-dieu auquel il faut se comparer et qui est digne de toute notre admiration est *le riche,* et que le héros auquel il faut essayer de ressembler est *le vendeur,* le grand crack qui sait *faire du chiffre,* qui place le complet, qui place la voiture, qui place le réfrigérateur, et qui est précisément, en réalité, par son attitude, par ses préoccupations, par son idéal, par toute son âme, ce qu'il y a de plus abject dans l'échelle humaine.

Une civilisation se caractérisant essentiellement par une certaine optique collective des événements et par une hiérarchie des valeurs et des hommes acceptées par tous, il ne peut exister de *troisième civilisation* propre à l'Europe, opposée à la fois à la « civilisation » collectiviste et à la « civilisation » ploutocratique, sans que l'État se rende maître de tous les canaux et moyens de la publicité, puisqu'il commandent l'optique et les hiérarchies de l'actuelle « société de consommation ». Ce contrôle ne peut être exercé qu'à travers des instruments créés à cet effet. La publicité devrait être « nationalisée », c'est-à-dire recueillie, gérée, dirigée et distribuée par une « régie autonome », bien plus nécessaire que celle des tabacs et des allumettes. Cette solution n'entraînerait pas la disparition des firmes de publicité ou des départements de publicité auxquels il resterait pour tâche d'étudier par des sondages et des enquêtes les besoins réels du public et de collaborer avec la régie nationale par un apport technique, dont l'objet serait de garder à la publicité une nécessaire efficacité économique sans en faire un fléau moderne.

*

* *

Les autres appareils d'endoctrinement et de conditionnement sont beaucoup plus faciles à atteindre, car ils sont déjà en partie sous le contrôle de l'État qui n'a, en ce domaine, qu'à se réformer lui-même.

Il faut remarquer, à cet endroit, que, depuis 1945, dans tous les pays d'Europe, l'information est placée sous un semi-contrôle de l'État, soit par le moyen des participations de l'État dans les « chaînes » de radio et de télévision, parfois même constituées en *offices* placés sous sa gestion directe, soit par la *remise* des grands journaux en 1945 à des groupes ou à des personnalités qui avaient participé à la « résistance », et desquels on pouvait être assuré qu'ils ne manqueraient pas de présenter les événements sous un certain éclairage. La liberté de l'information est donc, en grande partie, une illusion, puisque les principes et l'éclairage historique adoptés en 1945 par les puissances victorieuses étaient considérés comme intangibles et ne pouvaient être remis en question. Cette illusion a pu durer néanmoins pour quelques-uns, et même elle peut durer encore, du fait que la presse communiste, partie prenante de la distribution de 1945, a soutenu des thèses opposées à celles que soutenait la presse qui ne voyait de salut que dans l'alignement sur la politique américaine. Le public, voyant des querelles, crut voir une différence. Il ne s'aperçut pas que ces querelles laissaient intacts certains dogmes sur lesquels tout le monde se trouvait d'accord et qu'elles n'avaient pas plus d'importance, par conséquent, que celle des hérésies à l'intérieur d'une même religion. Les divers organes de l'information, presse, radio, télévision, sont donc également inutilisables dans la crise de la société de consommation : les uns parce qu'ils ne sont que l'écho des thèses gouvernementales, les autres parce qu'ils n'ont jamais mis en question à la fois les deux versions opposées de la société de consommation, sa présentation ploutocratique et sa présentation collectiviste mais qu'ils ont refusé d'aller au fond du débat et même d'en laisser poser publiquement les bases, puisqu'ils s'interdisent de mettre en cause un certain nombre d'options sur lesquelles ces deux versions de la sociétés de consommation sont établies.

La presse libérale dans les pays d'Europe occidentale n'a donc pas moins échoué dans sa mission d'information et dans son devoir de probité intellectuelle que la presse dirigée des pays collectivistes. Ces deux outillages opposés de l'information et de la réflexion n'ont réussi à être, dans un camp comme dans l'autre, que des instruments du conditionnement et de l'endoctrinement, deux degrés d'une même chose. Nous devons donc chercher, dans un État nouveau qui aurait parmi ses objectifs la liberté et l'honnêteté de l'information, des méthodes tout à fait différentes.

La mesure qui consisterait à transférer à d'autres groupes et à d'autres hommes, intellectuellement moins obérés, les pouvoirs et les responsabilités de l'information, me parait insuffisante. Car ces hommes ont leurs préjugés, eux aussi, quoi qu'ils en disent, ces groupes auront leurs intérêts et bientôt leurs compères, et la probité qu'on aura fait d'abord claquer comme un drapeau, il est à craindre qu'on ne prenne quelque jour des accommodements avec elle. Il faut donc essayer de trouver un transfert plus durable et un terrain plus solide.

Nous reprendrons à cet endroit le principe qui nous a

guidés plus haut dans l'analyse de la publicité. Les consciences ne sont pas un terrain en friche sur lequel n'importe qui ait le droit d'installer sa baraque au nom de la liberté d'expression. Il y a des marchands de poison et il y a des marchands d'orviétan qui sont indésirables : qu'ils montent sur quelque chaise à Hyde Park, c'est leur droit dans un État libre, mais qu'ils disposent d'une voix qui porte sur des millions et des millions d'oreilles, ce n'est pas l'exercice d'un droit, c'est l'exercice d'une puissance : et il appartient à l'État de décider s'il tolère l'existence de telles puissances qui suscitent un jour des États dans l'État. Créer un journal, disposer d'une station de radio ou de télévision qui touchent des millions d'auditeurs, ce n'est pas exercer une liberté individuelle qui appartient à chacun et qu'il est injuste de refuser, c'est partager avec l'État une part de la conduite du pays, c'est s'arroger une représentation de l'opinion sur laquelle on a le droit d'exiger des titres.

Aussi l'État, qui se réserve le choix de ses préfets, de ses juges et de ses commissaires de police, a-t-il le droit de ne pas confier à n'importe qui une tâche beaucoup plus importante que l'administration d'un département ou la surveillance des délinquants. Il a le droit, en particulier, de ne pas permettre que ce choix lui soit imposé par un particulier assez riche pour devenir propriétaire d'un journal ou d'une station de radio, après avoir vendu beaucoup de cotonnades. Et il a le droit également d'exiger que les enquêtes ou les commentaires qui orienteront le jugement de toute une partie de la population soient regardés autrement que comme d'intéressantes prébendes attribuées à la faveur ou à la servilité. On trouve très naturel que l'État choisisse sur titres les hommes auxquels il confiera la grave mission d'instruire et, si possible, de former, on ne lui a jamais contesté cette prérogative, on prétend même que personne d'autre ne soit autorisé à instruire que ceux qu'il aura désignés : l'information que le public reçoit chaque jour n'est pas un souci moins important pour l'État que l'instruction que chacun a reçue dans sa jeunesse, elle est même en réalité la suite de cette instruction première, elle est une instruction que les événements eux-mêmes se chargent de donner. Le statut qui règle la sélection des universitaires devrait donc régler également la sélection des journalistes, leur carrière et leur indépendance devraient être assurées comme le sont en principe la carrière et l'indépendance des professeurs : et nous devrions nous habituer à l'idée que l'enseignement qu'on dégage pour les hommes ne demande pas moins de soins que les leçons qu'on serine aux marmots.

Ce sont seulement nos préjugés et nos habitudes qui nous préviennent contre cette solution. En réalité, un directeur de journal nommé par le gouvernement ne sera assurément pas plus servile à l'égard du pouvoir qu'un directeur choisi par un propriétaire ne l'est à l'égard de celui-ci et de ses intérêts. Si l'on s'en rapporte à l'exemple des universitaires, nous sommes même en droit de nous attendre à des marques d'indépendance que notre presse actuelle est loin de nous donner. Si l'on tient à ce que les journaux correspondent à des tendances de l'opinion, on peut même présumer qu'un directeur nommé pour refléter par ses jugements les réactions d'une certaine tendance, sera plus libre à l'égard des groupes qu'il représenterait que ne peut l'être actuellement un directeur révocable à tout moment par son parti. Enfin, on peut imaginer dans ce système un secteur de « la presse libre » qui jouerait le même rôle que « l'enseignement libre » et dont la concurrence contraindrait à l'objectivité et à la probité les journaux rédigés par des mandarins officiels. En tous cas, nous n'avons pas grand-chose à perdre. Nos journaux et notre radio nous donnent un tel exemple d'hypocrisie et d'omission, ils sont si respectueux et si obéissants, non pas tellement devant le gouvernement, cible traditionnelle, que devant les véritables puissances en place que toute la presse feint d'ignorer, qu'il ne sera pas difficile de réaliser, à défaut d'une presse parfaitement honnête, au moins une presse moins plate et moins timorée que celle que nous lisons.

Du reste, n'imaginons pas de chimères. Il n'existe pas, il ne peut pas exister de presse rigoureusement objective. Toutes les générations ont leurs préjugés, tous les gouvernements ont leurs intérêts. Toute civilisation choisit, donc elle préfère. Le but est de s'adresser aux hommes comme à des hommes au lieu d'en faire des badauds ou des niais. Il s'agit d'éviter que la presse ne soit le moulin d'une certaine propagande, ou, comme son nom semble l'y prédisposer, la machine hydraulique qui a pour objet de nous donner à tous une certaine forme semblable. Mais, naturellement, ce dégagement même, cette cure de plein air et de bon sens, cette restitution à chacun d'une véritable liberté, c'est encore une orientation. Nous sommes tous des drogués, nous suivons le joueur de flûte. Pour que nous cessions de suivre le troupeau, il faut qu'une autre corne soit entendue dans la brume, il faut que quelqu'un d'autre nous appelle dans une autre direction. Une presse libre, c'est d'abord une presse qui nous appelle à la liberté : ce n'est pas, ce ne peut pas être une mosaïque de nouvelles, un déchargement chaque matin de nouvelles qu'on nous livre comme la fourniture quotidienne de l'épicier. Et, bien entendu, comme en bien d'autres domaines, c'est l'honnêteté du régime, c'est son respect des hommes et de leur liberté qui est notre seule garantie : qui est même notre seule défense contre le « conditionnement ».

*

* *

Ce qu'il faut changer enfin, c'est la minorité dirigeante qui incarne la ploutocratie et dont le pouvoir a jusqu'ici survécu à tous les changements des hommes en place. Tant que cette minorité dirigeante, essentiellement mercantile et usurière, n'aura pas abdiqué, aucun régime de propreté, aucune politique constructive ne seront possibles. Un problème politique capital de notre temps est donc de susciter et d'imposer une nouvelle élite.

La sélection de cette élite de remplacement est, d'ordinaire, assurée par l'événement. C'est le renversement des hommes en place qui, désignant des vainqueurs, assure ainsi la relève. Il peut arriver que cette désignation des vainqueurs soit injuste, parce qu'elle ne repose pas sur le mérite et la valeur : c'est ce qui se produit quand le roi revient « dans les fourgons de l'étranger », quand les « résistants » s'installent sur les pas des Américains, quand un gouvernement de « collaborateurs » est agréé par une armée d'occupation, qu'elle soit nationale-socialiste ou communiste. Dans ces cas on ne dégage pas une *élite*, même si les hommes choisis sont personnellement estimables et éminents, on établit seulement une liste de *bénéficiaires :* même si ces bénéficiaires ont les meilleures intentions du monde, ils n'instaureront jamais véritablement un esprit nouveau, car il leur manque l'énergie acquise au combat, la vérité forgée à travers les épreuves, l'obstination, le génie créateur des jeunes religions. Une élite authentique ne peut naître que de l'adversité qu'il a fallu traverser, de l'endurance, de l'héroïsme qu'il a fallu posséder pour vaincre. Et c'est pourquoi la victoire sacre.

Mais la victoire qui appartenait jadis aux gros bataillons, appartient aujourd'hui à l'armement le plus meurtrier. C'est pourquoi il arrive qu'elle soit stérile. La victoire qui n'est due qu'à une supériorité du matériel (ou mieux encore, à la possession exclusive de ce matériel) ne vaut pas mieux que les « restaurations » dues au tsar ou au président Roosevelt. C'est ce qui rendra toujours équivoques les « juntes » de jeunes colonels. Il faut en conclure que la victoire sacre, assurément, mais que de nos jours la victoire ressemble de plus en plus à la justice et qu'il lui arrive bien souvent d'être boiteuse et de porter un bandeau.

Pour qu'une élite se dégage véritablement, il faut donc qu'il y ait une lutte. Cette lutte doit être assez égale pour que l'issue n'en soit pas prévisible d'abord, assez longue pour qu'elle exige de lourds sacrifices, assez âpre pour qu'elle engage de gros tonnages d'énergie, assez dramatique pour qu'elle soit une occasion d'héroïsme : et il faut encore que cette lutte ait un sens parfaitement clair et qu'on sache, non seulement à quoi on veut échapper à tout prix, mais aussi ce qu'on veut établir. Cette dramatisation de la politique ne peut se produire qu'à une époque de péril pressant ou, à défaut, quand il est parfaitement clair aux yeux de quelques-uns que l'apathie du plus grand nombre nous conduit à un abîme qu'ils n'aperçoivent pas. Ce dernier cas est celui qui correspond à notre situation actuelle.

L'action politique est donc, à notre époque, l'unique moyen de recruter une élite. Il peut arriver que l'armée participe involontairement à ce recrutement : on voit ce résultat lorsqu'elle est engagée dans des opérations auxquelles l'opinion donne un sens politique et qu'elle se politise ainsi malgré elle. A ce moment, l'armée devient une sorte d'aile marchante d'une certaine pensée politique, quelques-uns préfèrent même cette légion plus exposée à l'action plus obscure du militant politique. Mais il ne s'agit, en somme, que d'un « cas particulier » : c'est bien toujours l'action politique qui est, dans ce cas, le moteur de la vocation, car elle révèle le sens de l'action collective à laquelle on participe, elle éclaire les événements, elle polarise.

Qu'elle ait pour matière la discipline qu'on exige des militants, les sacrifices qu'on leur réclame, la patience qu'on leur impose, la volonté qu'on cultive chez eux, le désintéressement qui est le signe auquel ils se reconnaissent tous, ou qu'elle développe le courage physique, le mépris du danger, l'endurance, l'énergie, qui sont plus proprement des qualités de soldat, l'action politique est le principal mode de sélection du monde moderne, parce qu'elle est le meilleur terrain sur lequel on puisse fonder une éducation. L'école et la religion, pour des raisons tout à fait différentes, produisent des variétés de lapin de choux. L'écolier modèle et le catholique modèle se rejoignent plus d'une fois dans le crétin modèle. Il importe peu, après cela, que l'un fleurisse l'autel de Saint Antoine et l'autre celui de Voltaire. Le non-conformisme et les qualités viriles, que la société moderne abhorre, ne sont plus encouragés que dans les groupes qui rejettent l'esprit de la société de consommation. Et il importe peu que ces groupes soient dits de droite ou de gauche. Sous des drapeaux opposés, ils fabriquent le même homme : leurs militants qui se combattent ont certainement plus d'affinité entre eux qu'avec les alliés que la politique leur donne.

Quelle forme doit avoir un groupement politique pour réaliser sa mission d'éducation et servir d'instrument de sélection ? Il est évident que le rassemblement de bonnes volontés et de naïvetés diverses auquel on donne habituellement le nom de « parti politique » n'est pas adapté à ces deux objectifs. Pour former des hommes, un groupe politique doit porter une idée, combattre, exiger. Des partis croient assurément être conformes à ce programme : c'est parce qu'ils ne donnent pas aux mots le sens que je leur donne. Porter une idée, c'est posséder une certaine idée de l'homme, de la société, de la morale, qui inspire à la fois la conduite qu'on adopte et les jugements qu'on porte sur les hommes et les événements. Tous les partis croient effectivement porter une idée. Mais comme l'idée qu'ils portent, c'est-à-dire leur notion de l'homme, de la société, de la morale, ne gêne nullement le fonctionnement de la société de consommation, mais au contraire l'accepte et le favorise, et, par conséquent, accepte et favorise du même coup notre conditionnement et notre dénaturation, il faut ajouter quelque chose à notre définition. Un groupe politique n'est un instrument d'éducation que s'il rejette par un refus radical la société dans laquelle il vit, c'est-à-dire si l'idée dont il est porteur prétend substituer son humanisme et sa morale au faux humanisme et à la fausse morale qui sont ceux du siècle.

Un tel groupe politique doit avoir quelque chose d'une religion : il lit le présent et l'avenir des hommes à travers une grille qui n'appartient qu'à lui. Il affirme, comme les religions, que cette lecture est la seule vérité. Il souhaite la disparition ou la soumission des autres croyances. A ce prix seulement, il apporte une idée claire de la vie et du devoir, un instrument intellectuel qui permet de juger à tout instant les événements. Il est l'école de formation intellectuelle la plus complète parce qu'il enseigne une doctrine. Et il a des chances de s'imposer si, à un moment donné, les religions concurrentes vacillent et doutent, ce qu'on voit à leur empressement, généralement vain, à s'adapter et à « se mettre à jour ».

Une telle formation politique n'a évidemment rien de commun avec les anciens « partis politiques » qui sont tous préoccupés par le niveau des *effectifs* et de l'efficacité électorale, et qui, en conséquence, essaient toujours de réaliser des amalgames contre nature et se bornent à de vagues professions de foi. La valeur éducative de ceux-ci est évidemment nulle. En revanche, les deux organisations auxquelles peut faire penser notre définition, les partis communistes et le parti national-socialiste, nous apprennent à nous défier des ravages que peut faire la destination électorale de ces rassemblements, qui, en dépit de leur rigidité doctrinale, demeurent par cette préoccupation des « partis politiques » comme les autres. Car leurs rangs étant largement ouverts à tous ceux qui sont disposés à cotiser, à applaudir et à voter, ils ont bientôt la lourdeur et l'inconsistance de toutes les organisations de masse : et ils sont exposés, comme les autres partis, au vieillissement, à la sclérose, au rabâchage.

Si le « parti » est une forme bâtarde et dégradante de l'action, par quel type d'organisation peut-on le remplacer ?

Les nationaux-socialistes avaient eu une intuition juste et féconde lorsqu'ils voulurent extraire du parti lui-même une sorte de quintessence, une élite chargée d'incarner l'idée et de soutenir les luttes les plus dures. Cette idée fut gâchée parce qu'on ne resta pas fidèle à l'intention initiale. Néanmoins, quoi qu'on pense des SS, on ne peut guère nier que la formation rigoureuse des *Ordensburgs*, l'affectation spéciale, au début tout au moins, à des missions difficiles dans le combat politique, la « vocation » qu'on exigeait de ceux qui recevaient cette sorte de sacrement du régime, étaient par eux-mêmes les éléments d'une solide armature humaine, dont on peut regarder l'orientation comme contestable, mais qui n'en a pas moins une valeur certaine de formation. Que fit d'autre, après tout, Ignace de Loyola, dans une autre direction et pour un autre service ?

C'est donc ce noviciat, fondé sur la sélection, celle de la foi et celle du combat, qui seul forge les volontés dont toute œuvre de rénovation a besoin. Ce sont les circonstances elles-mêmes, c'est-à-dire les nécessités de la défense contre le communisme qui furent à l'origine de ce corps d'élite de l'action politique. Le même danger peut reparaître : pour des esprits résolus, il ne doit pas entraîner le découragement et la peur, mais le désir de résister. C'est le terrorisme par lequel on prétend contraindre qui fera naître lui-même les réactions salutaires. Les périodes de crise peuvent épouvanter les « modérés » dont toute la politique consiste à s'en remettre aux gendarmes : elles sont une bonne école pour ceux qui connaissent le prix de la rigueur et de l'intransigeance et qui savent qu'on ne fonde que sur ces vertus.

Mais cet exemple est aussi un texte de méditation. Ce qui manque au SS, c'est l'amour ; ce qui a perdu le SS c'est le nombre. Ce sont les deux épées qui bornent la lice. Aucune élite n'est vivante, aucune élite n'est durable si elle franchit ces bornes sacrées, ces bornes invisibles hors desquelles elle cesse d'être ce qu'elle est. Partout, dans l'action, on retrouve la « porte étroite ».

Une élite n'existe, elle ne peut se prétendre élite que par la générosité. C'est pour elle l'onction du baptême. On peut être un Spartiate quand on n'a pas reçu cette huile sur le front, mais on n'est qu'un Spartiate. Sauver la cité, c'est nécessaire, c'est indispensable, c'est le commencement de tout : mais ce n'est que le commencement. Celui qui est fort et qui veut l'être et qui est fier de l'être, il sauve la cité pour tout le monde : et notamment pour les ilotes, et pour les faibles et pour les goitreux et les infirmes, et pour ceux-là même qui crachent sur le fort lorsqu'il passe. Il doit protection et justice : mais il doit savoir que protection est un mot qui n'a pas de sens, quand justice ne l'accompagne pas. Il doit plus que protection et justice : il doit protection et amour, car protection est un mot qui n'a pas tout son sens, quand amour ne l'accompagne pas. Et il le doit à tout le monde, il n'y a pas d'exception. À ses ennemis aussi, aux ennemis de la cité aussi. Sans illusions. Car il doit savoir, de plus, le fort, et cela fait partie de son métier, que les hommes sont en général profondément méchants, profondément stupides, profondément ingrats. Et qu'on leur doit justice et amour malgré tout cela, en sachant tout cela : et qu'on doit assurer leur bonheur, s'il se peut, malgré eux, connaissant leur sottise et leur ingratitude, sans les consulter et parfois même en les contraignant. Que parfois on meurt dans cette tâche, et, souvent, couvert de boue et de crachats. Qu'il en a toujours été ainsi. Et que cela ne doit pas étonner ni arrêter. Car celui qui se croit orgueilleusement et qui est d'une nature meilleure et plus généreuse que les autres hommes, il faut qu'il sache que c'est cela son métier d'homme. Et qu'il ne portera point de brandebourgs et d'épaulettes, mais cette tunique du devoir de générosité et d'amour, du devoir sans illusions, du devoir sans remerciement. Et ceux-là qui disent : « Nous sommes prêts à faire ces choses », nous pouvons essayer de reconstruire nos nations avec eux.

Voilà ce qui manqua aux SS qui furent les soldats de Sparte, mais ne regardant que leurs tours. Il est vrai que la générosité est un devoir souvent difficile à remplir pendant le combat : car ceux qui minent les tours et qui frappent dans le dos, il faut bien les empêcher de nuire. La générosité suppose la loyauté de l'adversaire. C'est-à-dire qu'elle suppose que nous avons déjà atteint le but que nous nous proposons. Dans un monde où la loyauté a disparu, où l'adversaire est sans visage, perfide, souterrain, caché, comment être généreux ? Et avec qui ? Avec qui ? On est généreux avec quelqu'un qu'on voit, pas avec l'ombre, pas avec la nuit.

L'élite doit être indifférente au nombre : elle est le contraire du nombre. Cette tentation existe pourtant. La démocratie faisant appel aux gros bataillons, on croit toujours qu'il faut leur opposer les mêmes effectifs. Et l'on accepte ainsi le terrain de l'adversaire au lieu de lui imposer son propre terrain. Mais on corrompt la notion même d'élite en lui imposant la loi du nombre. On n'est plus rien, on n'affirme plus rien quand on accepte de compter les mains au lieu de mesurer la vigueur des âmes. C'est, de plus, une erreur sur le mécanisme de notre temps, que la réalité réfute sous nos yeux : les démocraties ploutocratiques sont conduites, en fait, par un petit nombre d'habiles et les démocraties communistes par une bureaucratie. La prise du pouvoir n'exige pas non plus une mobilisation : il suffit parfois de complicités, d'autres fois de la surprise. L'idée fixe du nombre est donc une optique fausse, celle de l'adversaire, qu'une « oligarchie » n'a aucune raison de se laisser imposer.

Mais alors, comment l'élite *prendra-t-elle* le pouvoir ? Ou quelles relations aura-t-elle avec le pouvoir ?

C'est peut-être une idée fausse ou une paresse d'esprit qui nous amène à penser que le *Mouvement* que constitue l'élite doit nécessairement *exercer* le pouvoir.

Ce n'est pas certain du tout. Le *Mouvement* qui représente l'élite incarne seulement *l'esprit* qui inspire le pouvoir. Il peut être puissant par l'infiltration, l'influence, le prestige : et même, ces mots du vocabulaire de la politique et de l'intrigue me paraissant grossiers et inexacts, il vaudrait mieux dire qu'il est une force, un élément capital de la vie politique, par sa mystique, par son exemple, par sa sincérité. Il est donc inutile de songer à quelque « franc-maçonnerie », opposée par ses principes à celle qui existe, mais agissant par les mêmes méthodes. Ceux qui ont été séduits par cette idée ne s'aperçoivent pas qu'ils acceptent une fois de plus, des mains de l'adversaire, une médiocrité qui est le contraire de ce qu'ils doivent apporter. Il faut, en réalité, qu'un *Mouvement* rénovateur agisse à la manière des religions, qui sont présentes par leurs prêtres, par leurs vertus, par leur idéal, par la leçon qu'elles donnent à chaque instant. Et la lumière, l'air pur qu'une élite peut répandre ainsi, il suffit qu'ils soient acceptés et reconnus pour qu'ils deviennent efficaces. En somme, l'élite a pour fonction d'instaurer une « religion d'État » et de l'incarner. Elle peut être *à côté* du pouvoir, il est même préférable sans doute qu'elle soit à côté du pouvoir. Ce qui importe, c'est que le pouvoir soit entre les mains de quelques-uns qui lui soient acquis. C'est sur ce point, toutefois, qu'il faut des sûretés. Ce *Mouvement* porteur de l'idée, il est indispensable que son inviolabilité soit assurée et sa puissance visible.

Ici, nous entrons dans l'exorbitant. Et pourtant, il est certain que tout corps d'élite tend à devenir une personne morale intouchable, c'est-à-dire à échapper à la juridiction de l'ordinaire et à se faire conférer (ou simplement consentir), comme la noblesse d'autrefois, une immunité de corps et un privilège de juridiction. Il ne prévaut qu'à cette condition. Et il faut encore qu'il contrôle certains organes vitaux du pouvoir et qu'il *délègue* en quelque sorte à ces postes importants. Il n'est donc pas nécessaire qu'il soit *installé* au pouvoir, mais il est nécessaire qu'il *contrôle* le pouvoir, devenant ainsi à la fois sa sauvegarde en temps de crise, son inspiration en régime de croisière, et aussi la garantie permanente, incorruptible d'une certaine tenue morale. C'est à cette condition seulement qu'un *Mouvement* sera un pouvoir et non un groupement de mercenaires. Car, il doit être auprès du pouvoir comme une armée, mais comme une armée civique : à la disposition du pouvoir comme la noblesse était jadis à la disposition du prince, mais ayant ses pouvoirs propres comme la noblesse avait jadis les assemblées d'États, tenant, en somme, un rôle analogue à celui de l'armée dans certains pays, naturellement destiné en outre à être en symbiose avec elle, car l'armée est le bras et le *Mouvement* est le cœur. Auprès d'un pouvoir loyal et qui aurait compris la grandeur de sa mission, un tel *Mouvement*, personnification et instrument de l'élite, devrait être à la fois l'inspirateur et l'interprète du pouvoir, lui fournir son dynamisme et sa foi et donner en même temps l'image vivante et partout présente d'un certain style de la vie : réaliser, en somme, le rêve que José-Antonio avait fait pour la Phalange.

Quant à la *prise du pouvoir* elle-même, les conditions en ont profondément changé. Nous ne sommes plus au temps où Maurras pouvait se demander « si le coup de force est possible ». L'histoire a répondu. Le coup de force n'est plus possible. Mais, en revanche, il est dans nos institutions, il est dans la pratique nouvelle de la politique. Aujourd'hui, on ne *prend* pas le pouvoir, on l'escamote. Mais il faut payer l'escamotage, il faut lui assurer un lendemain. Et c'est là où une élite décidée et portant une idée nouvelle, une idée honnête et forte, a une chance. Car le véritable objectif est moins la conquête du pouvoir que la conquête des hommes au pouvoir. Il faut leur être indispensable d'abord, il faut leur être une justification ensuite. Il sera donc toujours bénéfique pour une élite que les conditions rendent dramatiques cet escamotage du pouvoir ou du moins, le maintien au pouvoir. Non seulement, parce que son énergie, son caractère spartiate, sa discipline, sa cohésion feront d'elle à ce moment, un instrument précieux : mais parce que, à ces hommes qui n'auront rien d'autre que cette pauvre chose, le pouvoir, elle peut apporter une pensée, une foi, une chair jeune et ferme que le pouvoir ne donne pas et qui est la seule garantie de la durée.

Bien sûr, on peut être dupes. C'est un risque, il faut le savoir. Mais après tout ; malgré ce risque, n'est-ce pas la seule chance réaliste qui soit offerte aux hommes qui ont quelque volonté ? Finalement, on ne sauvera l'Occident que par une double restauration, celle de l'autorité de l'État et celle de la morale. Pourquoi cette restauration indispensable se ferait-elle nécessairement contre les hommes qui la proposent et qui l'incarnent ?

Déjà parus

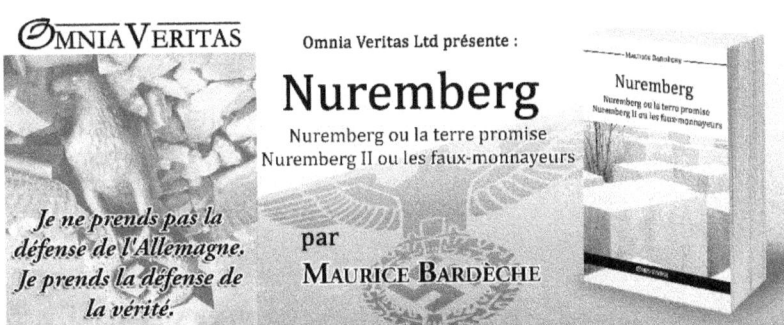

OMNIA VERITAS — Omnia Veritas Ltd présente :
ÉCRITS RÉVISIONNISTES de ROBERT FAURISSON

LE DEVOIR DE MÉMOIRE EN **4** VOLUMES
Redécouvrons le sens de l'exactitude historique !

OMNIA VERITAS — Omnia Veritas Ltd présente :
LES PAMPHLETS de LOUIS-FERDINAND CÉLINE

« ... que les temps sont venus, que le Diable nous appréhende, que le Destin s'accomplit. »

Un indispensable devoir de mémoire

OMNIA VERITAS — Omnia Veritas Ltd présente :

Lucien Rebatet

Les décombres

La France est gravement malade, de lésions profondes et purulentes. Ceux qui cherchent à les dissimuler, pour quelque raison que ce soit, sont des criminels.

Mais que vienne donc enfin le temps de l'action !

Omnia Veritas Ltd présente :

Pierre-Antoine Cousteau
Lucien Rebatet
Dialogues de "vaincus"

«Pour peu qu'on décortique un peu le système, on retrouve toujours la vieille loi de la jungle, c'est-à-dire le droit du plus fort.»

Le Droit et la Justice sont des constructions métaphysiques

OMNIA VERITAS LTD PRÉSENTE :

CHARLES MAURRAS
Mes idées politiques

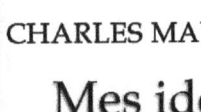

Le seul instrument de progrès est la tradition, la seule semence de l'avenir est le passé

OMNIA VERITAS LTD PRÉSENTE :

COMBAT POUR BERLIN

Berlin est quelque chose d'unique en Allemagne. Sa population ne se compose pas, comme celle d'une ville quelconque, d'une masse uniforme, repliée sur elle-même, et homogène.

La capitale représente le centre de toutes les forces politiques

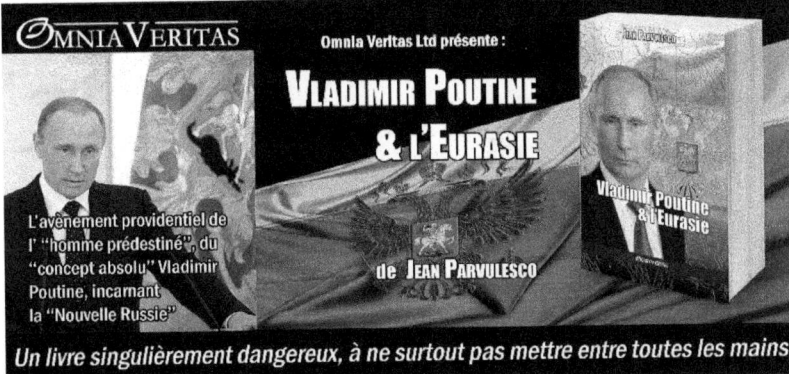

Omnia Veritas Ltd présente :

L'ÂGE DE CAÏN

par JEAN-PIERRE ABEL

« Ce livre n'est pas un roman. Je ne fais qu'y conter des événements dont j'ai été le témoin... »

PREMIER TÉMOIGNAGE SUR LES DESSOUS DE LA LIBÉRATION DE PARIS

Abel qui renaît à chaque génération, pour mourir encore par la grande haine réveillée

LA GUERRE OCCULTE
de
Emmanuel Malynski

Satan s'est révolté au nom de la **liberté** et de **l'égalité** avec **Dieu**, pour asservir en se substituant à **l'autorité** légitime du Très-Haut...

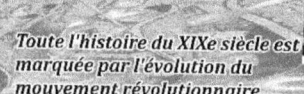

Toute l'histoire du XIXe siècle est marquée par l'évolution du mouvement révolutionnaire

Les étapes du duel gigantesque entre deux principes

www.omnia-veritas.com

www.ingramcontent.com/pod-product-compliance
Lightning Source LLC
Chambersburg PA
CBHW051057160426
43193CB00010B/1217